Lukas Hartnig

Sozialpädagogische Erziehungsstellen

Lukas Hartnig

Sozialpädagogische Erziehungsstellen

Eine Form der Familienerziehung im professionellen Rahmen

VDM Verlag Dr. Müller

Impressum

Bibliografische Information der Deutschen Nationalbibliothek: Die Deutsche Nationalbibliothek verzeichnet diese Publikation in der Deutschen Nationalbibliografie; detaillierte bibliografische Daten sind im Internet über http://dnb.d-nb.de abrufbar.

Coverbild: www.purestockx.com

Erscheinungsjahr: 2008
Erscheinungsort: Saarbrücken

Verlag:
VDM Verlag Dr. Müller Aktiengesellschaft & Co. KG, Dudweiler Landstr. 125 a, 66123 Saarbrücken, Deutschland,
Telefon +49 681 9100-698, Telefax +49 681 9100-988,
Email: info@vdm-verlag.de
Zugl.: Innsbruck, Leopold-Franzens-Universität, Diss., 2007

Herstellung:
Schaltungsdienst Lange o.H.G., Zehrensdorfer Str. 11, D-12277 Berlin
Books on Demand GmbH, Gutenbergring 53, D-22848 Norderstedt
Reha GmbH, Dudweilerstrasse 72, D-66111 Saarbrücken

ISBN: 978-3-639-00778-7

Ich widme diese Arbeit meinen Eltern
als Dank

Dank

Dass diese Arbeit zustande kam, verdanke ich zahlreichen Unterstützern und Unterstützerinnen.

Mein spezieller Dank gilt Prof. DDr. Siegfried Mrochen, Universität Siegen, und Prof. Dr. Josef Christian Aigner, Fakultät für Bildungswissenschaften der Leopold-Franzens-Universität Innsbruck, für ihre fachliche Begleitung, ihre wohlwollende Art, Anregungen und Ermutigungen, die den Fortgang dieser Arbeit gefördert und begleitet haben. Ebenso Prof. Dr. Reto Eugster, FHS St. Gallen, für seine Präsenz.

Danke auch den sozialpädagogischen Erziehungsstellen-Eltern, die durch ihre Interviews und ihre Tätigkeit einen wesentlichen Beitrag zur Entstehung der Dissertation beigetragen haben. Ich habe die Gespräche mit ihnen als sehr große Bereicherung sowohl in fachlicher als auch in menschlicher Hinsicht erlebt.

Dr. Wolfgang Menz, dem ärztlichen Leiter der Kinderpsychiatrischen Beobachtungs- und Therapiestation Carina, mit dem ich gemeinsam das Fachkonzept für sozialpädagogische Erziehungsstellen in Vorarlberg erstellen konnte.

Margit Illmer bin ich zu Dank verpflichtet, da sie in einmaliger Art und Weise mir die Anfertigung des Manuskripts erleichtert hat.

Und ganz besonders meiner Partnerin, Daniela Stachowitz, die mir mit ihrer Unterstützung und Geduld die wichtigste Begleitperson war und ist.

Inhaltsverzeichnis

1. EINLEITUNG

1.1 Problemstellung und Ziel der Arbeit

Der Autor selber hat eine persönliche bzw. professionelle Motivation, sich mit dem Thema sozialpädagogische Erziehungsstellen, als einer besonderen Form der Pflegefamilie, zu befassen.
In seiner 20-jährigen stationären bzw. ambulanten psychotherapeutischen Tätigkeit in einer kinderpsychiatrischen Beobachtungs- und Therapiestation war er immer wieder mit Fragestellungen bzw. Problemen konfrontiert, deren Ausgangspunkt im Placierungsprozess von Kindern in Pflegefamilien bzw. - bei bereits bestehenden Pflegeverhältnissen - in schwierigen dysfunktionalen Begegnungs- bzw. Beziehungsprozessen, begründet waren. Es zeigte sich bei den Betroffenen eine große emotionale Belastung, welche sich öfters in Verzweiflung, Ohnmacht und Hilflosigkeit äußerte.

Der Autor bekam im Jahre 1991 die Möglichkeit, ein Fachkonzept für „sozialpädagogische Erziehungsstellen“ (vormals heilpädagogische Pflegefamilien) in Vorarlberg zu erstellen. Ziel war es, für stark Problem beladene Minderjährige, für die sich bisherige Fremdunterbringungen, wie Heime oder „normale Pflegefamilien“, als ungünstig erwiesen haben, eine taugliche Betreuungsalternative zu entwickeln. Nach einer Pilotprojektphase wurde im Jahre 1998 zwischen dem Land Vorarlberg als Jugendwohlfahrtsträger und der Stiftung Carina, Kinderpsychiatrische Beobachtungs- und Therapiestation, eine Rahmenvereinbarung bezüglich sozialpädagogischer Erziehungsstellen getroffen. Seit diesem Zeitpunkt ist dieses Konzept fix in der Landschaft der Jugendwohlfahrt des Landes Vorarlberg etabliert.

Da der Autor nun 15 Jahre lang Erfahrungen in der Zusammenarbeit mit Erziehungsstellen sammeln konnte, ist es ihm wichtig, sich mit dem Thema – sozialpädagogische Erziehungsstellen – theoretisch und empirisch auseinanderzusetzen, um auch zukünftig adäquate psycho-therapeutische Hilfestellungen in der Begleitung von sozialpädagogischen Erziehungsstellen anbieten zu können.

Ziel der Untersuchung ist es, folgenden Fragestellungen nachzugehen: Welchen Beitrag können die sozialpädagogischen Erziehungsstellen (SES) als eine besondere Form der pädagogisch-therapeutischen Förderungen bei ihnen anvertrauten Kindern leisten; worin unterscheiden sie sich von anderen Formen der Pflegefamilien bzw. der Fremderziehung, und wo liegen ihre Besonderheiten, Chancen und Grenzen?

In diesem Zusammenhang sollte basierend auf Erfahrungen von 15 Jahren Arbeit mit sozialpädagogischen Erziehungsstellen in Vorarlberg erhoben und erörtert werden, welche konzeptionellen Inhalte der sozialpädagogischen Erziehungsstellen sich bewährt haben und welche nicht.

1.2 Relevanz des Themas

Die sozialpädagogischen Erziehungsstellen sind eine erfolgreiche, moderne und zeitgemäße Option im differenzierten Spektrum von Hilfeangeboten für Kinder und Jugendliche, die nicht in ihren Herkunftsfamilien aufwachsen können. Sie sind aus den beiden historischen Wurzeln: Pflegefamilie und Heimerziehung entstanden, sie sind ein Produkt des Veränderungsprozesses in der Jugendwohlfahrt. Dieser Veränderungsprozess fand in Zeiten gesellschaftlichen Wandels und Aufbegehrens statt.

Am Schnittpunkt der beiden klassischen Formen der Erziehungshilfe, Heime und Pflegefamilien, haben sich in den letzten Jahrzehnten mit großem Erfolg Formen der Erziehungshilfe etabliert, die professionelle Erziehung in privaten Haushalten leisten. Dabei wurde bei dieser Form der Hilfe zur Erziehung versucht, das Potential der Heimerziehung und der Erziehung in einer Pflegefamilie zu verknüpfen und die jeweiligen Nachteile der beiden Hilfeformen zu vermeiden. Die Erziehungsstellenarbeit ist sowohl von der Entstehungsgeschichte als auch vom konzeptionellen Ansatz her betrachtet Heimerziehung und Pflegefamilie, daher nicht Konkurrenz, sondern gewichtige Ergänzung zu sonstigen Erziehungshilfeangeboten.

Sozialpädagogische Erziehungsstellen sollen jungen Menschen in öffentlicher Erziehung die Möglichkeit geben, in den Alltag einer Familie eingebunden zu werden und dort - durch konstante Bezugspersonen vermittelt - individuelle Geborgenheit zu erhalten, Diese Bezugspersonen sind aufgrund ihrer fachlichen Vorbildung auch in der Lage, Kindern und Jugendlichen gerecht zu werden, deren Herkunft und Verhalten stark problembehaftet sind und die ohne diese Option in einer Form der Heimerziehung betreut werden müssten.

Derzeit findet im deutschsprachigen Raum ein reger Austausch der verschiedenen Erziehungsstellenmodelle statt, ebenso ein Diskurs bezüglich Standards und Profile der Erziehungsstellenarbeit. Diese Untersuchung soll hierzu einen aktiven Beitrag leisten.

Dass es sich hierbei um ein aktuelles bzw. relevantes Forschungsthema handelt, wird auch deutlich in der Dokumentation des SOS-Kinderdorf Österreich / Colleg für Familienpädagogik „Forschung im Bereich Pflege und Erziehung im deutschsprachigem Raum 1991 bis 2001" zum Ausdruck gebracht, in der alle veröffentlichten sozialwissenschaftlichen Forschungsarbeiten zum Thema Pflege und Erziehung der Jahre 1991 bis 2001 aus Österreich, Deutschland und der Schweiz erfasst und dokumentiert wurden. Es wird festgehalten:

> „Untersuchungen, die sich mit konzeptioneller (Weiter)Entwicklung von Angeboten der Hilfe zur Erziehung bzw. den Effekten und Wirkungen daraus auseinandersetzen, beziehen sich derzeit hauptsächlich auf die Unterbringungsform der Heimerziehung. Katamnestische Studien zum Lebensverlauf oder zur Lebenssituation von jungen Erwachsenen beschäftigen sich ausschließlich mit der Erfahrung der Heimunterbringung. In der großen Vielfalt zum Thema Pflege und Erziehung / Fremderziehung zeigt dies – wie bereits bei den Forschungsdefiziten erwähnt – den hohen Forschungsbedarf zu Inhalten vor allem in den familienähnlichen Unterbringungsformen (z.B. Kinderdorf, Erziehungsstellen) sowie den ambulanten und teilstationären Hilfen zur Erziehung (z.B. Tagesbetreuung, sozialpädagogische Familienhilfe)". (HÖRTENHUBER, 2003, S. 134).

1.3 Aufbau der Arbeit und methodisches Vorgehen

Der Aufbau der Arbeit lässt sich in zwei Hauptteile untergliedern: in einen Theorieteil und in einen Empirieteil.
Im theoretischen Teil geht es anfangs um Kindheit im Wandel sowie um das Pflegekinderwesen im historischen Kontext. Danach werden rechtliche Aspekte bzw. Definitionen des Pflegekinderwesens erörtert, verschiedene Formen von Pflegeverhältnissen beschrieben und darauf aufbauend die Merkmalsunterschiede von Organisation und Familie vorgestellt. Auch unter Bezugnahme auf die Kontroverse im Pflegekinderwesen darüber, ob eine Pflegefamilie die Funktion einer Ersatz- oder Ergänzungsfamilie einnehmen soll, wird die Bindungstheorie und werden die Folgerungen daraus für das Pflegeverhältnis dargestellt. Im Mittelpunkt der weiteren Ausführungen stehen die besonderen Charakteristika und die Problembereiche von Pflegefamilien, die Erörterung systemtheoretischer Besonderheiten der Pflegefamilien, die aktuellen Professionalisierungstendenzen und die Qualitätssicherungsdiskussion im Pflegekinderwesen. Der Theorieteil schließt mit der Beschreibung der Erziehungsstelle als einer besonderen Form der professionellen Familienerziehung sowie deren Standards.

Im empirischen Teil wird zuerst das Konzept der sozialpädagogischen Erziehungsstellen in Vorarlberg vorgestellt. Dann wird die Methodik der Befragung beschrieben und es werden Prinzipien und Kriterien des qualitativen Interviews als eines Instruments der Datenerhebung und Datenauswertung erörtert. In der weiteren Folge werden die Ergebnisse der durchgeführten Befragung präsentiert, welche mit den in Vorarlberg tätigen sozialpädagogischen Erziehungsstellen-Eltern erhoben wurden.

Die Arbeit endet mit einer Zusammenfassung der Ergebnisse. Zugleich werden aufgrund der Erkenntnisse der vorliegenden Untersuchung und in Verbindung mit der einschlägigen Literatur Kriterien und Haltungen geankert, welche für das positive Funktionieren einer sozialpädagogischen Erziehungsstelle im professionellen Rahmen vonnöten sind.

NB
Im Sinne einer besseren Lesbarkeit der Arbeit wird vornehmlich im theoretischen Teil des Textes (Kap. 1 bis 14) die maskuline Form stellvertretend für beide Geschlechter gebraucht.

2. GESCHICHTE

2.1 Geschichte der Kindheit

Was für uns heute Kindheit bedeutet, jener von uns wahrgenommene und wahr gemachte Abstand zwischen Erwachsenen und Kindern, war in den vergangenen Jahrhunderten einem sehr starken Wandel unterzogen.

ARIÈS (2003) stellt fest, dass es in der traditionellen, vorindustriellen Gesellschaft nur eine schwach entwickelte Vorstellung von diesem Lebensabschnitt gab. Die Dauer der Kindheit beschränkte sich auf den Lebensabschnitt, in dem das kleine Wesen nicht ohne fremde Hilfe auskommen konnte. Nach erfolgter Entwöhnung traten die Kinder übergangslos in die große Gemeinschaft der Erwachsenen ein, teilten ihre Freunde, die täglichen Arbeiten ebenso wie die Spiele mit ihnen. Indem das Kind den Erwachsenen half, lernte es die Dinge, die es wissen musste. Die Beziehung zwischen Erwachsenen und Kindern war durch dieses Lehrverhältnis festgelegt. Die Familie selbst war kein entscheidender Faktor für die Weitergabe von Werten und Kenntnissen.

Der Auftritt des Kindes in der Familie war zu kurz und unbedeutend, als dass es besondere Aufmerksamkeit hätte beanspruchen können. Wenn es frühzeitig starb, war dies vielleicht betrüblich für die Eltern, aber sehr bald würde ein anderes Kind seine Stelle einnehmen. „Die Familie erfüllte eine Funktion – sie sorgte für den Fortbestand des Lebens, der Besitztümer und der Namen – für das Gefühls- und Geistesleben spielte sie jedoch keine große Rolle". (ARIÈS 2003, S. 559)

Oft kam es vor, dass ein Kind nach den ersten Lebensjahren von den Eltern weggeben wurde. Die Familie war primär eine Interessengemeinschaft, eine affektive Funktion hatte sie nicht. Gefühlsmäßige Bindungen und soziale Kontakte ergaben sich mittels eines dichten Netzwerkes, bestehend aus Nachbarn, Freunden, Dienstboten, Kindern und Alten, sowie Frauen und Männern. Die Familien gingen in dieser traditionellen „Sozialität" auf.

In der Industriegesellschaft vollzieht sich ein Wandel der Lebensform, wodurch das Kind und die Familie einen neuen Platz einnehmen. Anstelle des Lehrverhältnisses übernimmt die Schule die Funktion der Erziehung. Dadurch lernt das Kind das Leben der Erwachsenen nicht mehr durch direkten Kontakt kennen, dementsprechend verlängert sich die Kindheit. Die Familie wird zu einem Ort „unabdingbarer affektiver Verbundenheit" zwischen den einzelnen Familienmitgliedern, in der weiteren Folge wird der Erziehung der Kinder ein hoher Stellenwert eingeräumt. Das Kind wird zum Mittelpunkt der Familie und tritt aus seiner Anonymität heraus. Das Kind kann nicht mehr ohne weiteres durch ein anderes ersetzt werden, und um sich den Kindern besser widmen zu können, empfiehlt es sich, die Kinderanzahl zu beschränken. Aufgrund dieser Veränderungen der gefühlsmäßigen Einstellung zum Kind und der Revolution auf dem Gebiet der schulischen Erziehung werden erste Tendenzen der freiwilligen Geburtenbeschränkung erkennbar. (Vgl. ARIÈS 2003, 45 ff)

Dieser Wandel im Verständnis von Kindheit widerspiegelt sich auch in der Geschichte des Pflegekinderwesens. Waren ursprünglich die Kinder und Jugendlichen Objekte der elterlichen Fürsorge innerhalb der Familie, so entwickelte sich im Laufe der Jahrhunderte zusehends ein gesellschaftliches bzw. staatliches Interesse dafür, sich bei Wegfall oder Versagen der elterlichen Fürsorge um die Erziehung der Kinder und Jugendlichen zu kümmern, um das „Wohl des Kindes" zu gewährleisten.

2.2 Geschichte des Pflegekinderwesens

Pflegekindschaftsverhältnisse hat es immer schon gegeben. „Die Geschichte des fremd platzierten Kindes widerspiegelt die Vielfalt der Gesellschaftssysteme und ihrer Entwicklungsstufen. Sie ist so eng mit den jeweiligen sozialen Realitäten verklammert, dass sie sich als Schlüssel zu deren Verständnis anbietet". (NIEDERBERGER 1997, S. 170)

Entscheidend für die Form der Unterbringung war einerseits die ideologische Sichtweise, andererseits die gesellschaftliche Gegebenheit, beeinflusst von politischen, sozioökonomischen und religiösen Prämissen.

In der Antike war der Patriarch das Oberhaupt einer Hausgemeinschaft. Die Kinder waren Mittel zum Zweck, leisteten ihre Mithilfe bei der Produktions- und Funktionsgemeinschaft bzw. sorgten für die Erhaltung und Vermehrung des Familienerbes. Gleichzeitig galten die Kinder als Eigentum, Griechen und Römer praktizierten die Kindesweglegung bei unerwünschtem Nachwuchs. „Sie wurden in Flüsse geworfen, auf Misthaufen geschmissen, auf Bergen und an Wegrändern ausgesetzt als Beute für Vögel, Futter für wilde Tiere, die sie zerreißen würden". (NIEDERBERGER 1997, S. 23)

Im ersten Jahrtausend waren soziale Einrichtungen für Kinder und Jugendliche nicht vonnöten. Den Waisen bzw. Halbwaisen standen die erweiterte Familie bzw. Sippe als Lebens- bzw. Versorgungsort zur Verfügung. Gab es keine Unterbringungsmöglichkeiten bei Verwandten, wurden Kleinkinder bezahlten Ammen überlassen, ältere Kinder in die „Kinderstube" eines Hospitals oder Klosters aufgenommen.

Im Mittelalter entstand zunehmend die Notwendigkeit, verwaiste oder ausgesetzte Kinder institutionell zu versorgen. Erstmals wurden älteren oder kinderlosen Frauen gegen ein einmaliges Pflegegeld vor allem Kleinkinder zur Pflege übergeben, ältere Kinder wurden weiterhin in den Hospitälern bzw. in den Findel- und Waisenhäusern versorgt. „Das vorherrschende 'Erziehungsziel' war im Mittelalter und bis zum Ende des 17. Jahrhunderts die Gottesfurcht und die Eingliederung in den Arbeitsprozess. Gesundheitspflege, Erziehung und Bildung im heutigen Sinn gab es für die Kinder nicht. In den Anstalten herrschten Armut, Hunger, Krankheit und Massen-aufbewahrung. Von einer 'familienähnlichen' Betreuung war man wieder weit entfernt. Die Kinder sah man als 'nutzlose Esser' an und bemühte sich daher nicht sonderlich um ihre Aufzucht". (TRÄGER 2003, S. 38)

Ausgelöst von der Bewegung der Philanthropen, wurde eine Auseinandersetzung in Bezug auf „das Wohl des Kindes" begonnen. Es wurde eine kindgerechte, fröhliche und natürliche Erziehung gefordert, deren Umsetzung in Familien oder Pflegefamilien oder Heimen erfolgen sollte. Diese Auseinandersetzung ging als „Waisenhausstreit" in die Geschichte der Wohlfahrtserziehung ein. (HEITKAMP 1995, S. 22 f)

Die in der Zeit der Industrialisierung begonnenen sozialpolitischen Reformen und „die Erstarkung der Arbeiterschaft auf der einen Seite, die mit der Industrialisierung verbundenen Verelendungsstrukturen auf der anderen Seite, bildeten den Hintergrund für ein zunehmendes Interesse von Staat und Industrie auch an Reformen der Kinderarmenpflege und der Jugendfürsorge. Zunehmend mehr wurde beklagt, dass die Ausbeutung und 'Unverwahrtheit' von Kindern und die Verwahrlosung von Jugendlichen in keiner Übereinstimmung mit dem Bedarf nach gesunden und zuverlässigen Arbeitskräften zu bringen sei". (BLANDOW 2004, S. 33) Es entstanden von privaten Personen getragene Vereine für Armenpflege und Wohltätigkeit, mit dem Ziel, sich der armen, schwächlichen, aufsichtslosen, verwaisten, verlassenen und verwahrlosten Kinder anzunehmen. Ergänzend dazu konzentrierte sich das Interesse des Staates auf Maßnahmen gegen die Säuglingssterblichkeit.

Zu Beginn des 20. Jahrhunderts entwickelten sich erste Ansätze zu einem Pflegekinderwesen unter fürsorglicher Perspektive. Pflegeeltern waren größtenteils finanziell schlecht gestellte Familien oder Personen, die fremde Kinder wegen ihrer Arbeitskraft gegen Bezahlung aufnahmen. Dies hatte zur Folge, dass ihnen von Seiten der Behörden ein großes Maß an Misstrauen entgegengebracht wurde, was sich in einem großen Bedürfnis nach Kontrolle zeigte. In einer noch 1928 gültigen Pflegekinderverordnung aus Bremen heißt es:

„Das Zimmer ist täglich feucht zu reinigen und zu lüften....; der Korb oder das Bett soll nicht zu nahe am Ofen stehen...; nie darf das Kind mit einem Erwachsenen im Bett schlafen...; sofort nach der Trockenlegung hat sich die Pflegemutter die Hände gründlich zu waschen...; das Gesicht ist nicht mit dem Badewasser, sondern mit reinem Wasser zu waschen...; dünner, saurer Stuhl ist nicht auf die Zahnung zu schieben, sondern auf Erkrankungen der Verdauungsorgane...; nie darf das Kind mit der Faust, Stöcken, Stricken, Riemen oder anderen Werkzeugen geschlagen werden...; vom 3. Jahr an soll jedes Kind seine eigene kleine Zahnbürste haben...“; usw. (Freie Hansestadt Bremen 1928) (BLANDOW 2001, S. 113)

Für HEITKAMP (1995, S. 30) wurde die Pflegefamilienerziehung in ihrer Geschichte durchwegs positiver dargestellt. Er erwähnt folgende Gründe für das Protegieren von Pflegeverhältnissen über Jahrhunderte:

1. Die wesentlich kostengünstigere Unterbringung fremder, erziehungsbedürftiger Kinder entlastete die zu allen Zeiten meist knappen Kommunalhaushalte
2. Pflegekinder waren ein willfähriges Potential zur Realisierung politischer, insbesondere bevölkerungs- und nationalpolitischer Interessen
3. Die immer wieder idealisierte Sichtweise vom heilenden Milieu gesunder Familienbeziehungen und familialer Sozialisations- und Reproduktionsleistungen ließ Pflegefamilienerziehung auch dann noch prinzipiell vorteilhaft erscheinen, als Merkantilismus und Industrialisierung längst zur Auflösung traditioneller Familienformen, z.B. die der Mehrgenerationenfamilie, geführt hatten.

In Österreich wurde erst 1919 ein allgemein gültiges Gesetz zum Schutz von Pflegekindern und unehelichen Kindern erlassen. Zuvor galten die Landesarmengesetze, welche die Gemeinden dazu verpflichteten, den Kindern den notwendigen Unterhalt zu gewähren und für deren Erziehung zu sorgen, sofern nicht dritte Personen zur Versorgung gesetzlich verpflichtet werden konnten. Im Gesetz wurde weiters festgehalten, dass die Armenbehörden zu kontrollieren haben, inwieweit die untergebrachten Kinder die sozialen Leistungen, wie beispielsweise die religiöse, sittliche oder häuslicher Erziehung erhalten. Bei Vernachlässigung dieser Pflichten wurde die Armenbehörde angewiesen, für eine andere Unterbringung zu sorgen. (Vgl. ZISS 1994, 308 f.)

Unehelichkeit war ein wesentliches Merkmal von Pflegekindern während der Jahrhundertwende. Nach einer österreichischen Statistik betrug beispielsweise der Anteil der unehelichen Kinder, welche in Kärnten in Pflege waren, rund 90%. (Vgl. ZISS 1994, 312 ff) Gründe für die hohe Anzahl „illegitimer“ Kinder waren die damaligen ökonomischen Verhältnisse, viele Berufsstände konnten sich eine Heirat nicht leisten, waren nicht in der Lage, die finanziellen Mittel für eine eigene Haushaltsgründung aufzubringen. Erschwerend war, dass ein uneheliches Kind zu bekommen, als Schande galt. Somit wurde häufig „ausgestiftet“, wie der zeitgenössische Begriff für das Weggeben der Kinder lautete. Es war daher von großer Bedeutung, dass auch die unehelichen Kinder im Gesetz von 1919 Berücksichtigung fanden. Denn es „verlangte auch die amtliche Überwachung von unehelichen Kindern, die bei ihren Eltern aufwuchsen. Die Generalvormundschaft für alle unehelichen Kinder wurde schon 1914 eingeführt; ab 1916 wurden die Hebammen verpflichtet, jede uneheliche Geburt der zuständigen Generalvormundschaft zu melden“. (ZISS, 1994, S. 309)

Zu Beginn des 20. Jahrhunderts wurde bis in die Zeit des Nationalsozialismus hinein das Pflegekinderwesen auch für die Durchsetzung bevölkerungspolitischer Interessen instrumentalisiert. Um der anhaltenden Landflucht in den Ostprovinzen zu begegnen und die Rückwanderung auf das Land zu fördern, wurden Pflegekinder dorthin vermittelt. Während der Herrschaft der Nationalsozialisten wurden zwar nach außen hin die Werte der Familie hochgehalten, dies geschah jedoch zu Propaganda- und ideologischen Zwecken. Aufgrund politischer Untersuchung der Pflegefamilienbewerber auf ihre vaterländische Gesinnung und Zuverlässigkeit hin, sowie der regelmäßigen Kontrolle durch die Fürsorgerinnen der nationalsozialistischen Volkswohlfahrt, nahm die Zahl der Pflegekinderverhältnisse während der Nazi-Herrschaft um zirka 25 % ab. (HEITKAMP 1995, S. 26 f)

3. RECHTLICHE ASPEKTE DES PFLEGEKINDERWESENS

3.1 Rechtliche Grundlagen

Das Pflegekinderwesen ist eines der wichtigsten Aufgabenbereiche der Jugendwohlfahrt. Dies hat auch im Jugendwohlfahrts- und Kindschafts-recht weitgehend seinen Niederschlag gefunden. Gemäß der Bundesverfassung hat sich der Staat Österreich um die Angelegenheiten der Jugendfürsorge bzw. Jugendwohlfahrt zu kümmern. Dem Bund steht in diesen Belangen die Grundsatzgesetzgebung zu, den Bundesländern obliegt als Jugendwohlfahrtsträger die Ausführung der Mutterschafts-, Säuglings- und Jugendfürsorge durch landesgesetzliche Regelungen. (Vgl. ELVIN,1996)

Laut Jugendwohlfahrtsgesetz gelten als Pflegekinder „...Minderjährige, die von anderen Personen als bis zum dritten Grad Verwandten oder Verschwägerten, Wahleltern oder von einem Vormund gepflegt und erzogen werden". (JWG 1989 §14)

3.2 Zuständigkeiten

Die rechtlichen Beziehungen zwischen Pflegeeltern und Pflegekindern resultieren aus zwei Bereichen, nämlich dem Zivilrecht (Privatrecht) und dem öffentlichen Recht.

Das Privatrecht regelt das Verhältnis zwischen Eltern und Kindern sowie jenes zwischen leiblichen Eltern und Pflegeeltern, aber auch die Aufgabenbereiche und Funktionen des Jugendwohlfahrtsträgers (der Bezirksverwaltungsbehörde). Rechtsquelle ist das allgemeine bürgerliche Gesetzbuch (ABGB).

Bei den öffentlich-rechtlichen Bestimmungen geht es um die Rechtsbeziehungen zwischen privaten Personen und Behörden. Rechtsquellen sind das Jugendwohlfahrtsgesetz (JWG) von 1989 und dazu das jeweilige Landesausführungsgesetz. In Vorarlberg ist es das Vorarlberger Jugendwohlfahrtsgesetz vom 11.09.1991.

3.3 Begründung eines Pflegeverhältnisses

Die Bestimmungen, die sich direkt auf ein Pflegeverhältnis beziehen, sind in den §§ 186 und 186 a ABGB enthalten. Pflegeeltern üben danach ihre Rechte (Erziehungsrechte) entweder aufgrund einer Ermächtigung durch die unmittelbar Erziehungsberechtigten oder durch den Jugendwohlfahrtsträger (Bezirksverwaltungsbehörde) aus.

Im Sinne der Familienautonomie dürfen Drittpersonen in die Elternrechte nur insoweit eingreifen, als ihnen dies

- durch die Eltern selbst
- unmittelbar aufgrund des Gesetzes oder
- durch eine gerichtliche bzw. behördliche Verfügung

gestattet ist.

Zudem wurde 1989 in das Kindschaftsrecht im ABGB das Gebot der Gewaltlosigkeit in der Erziehung aufgenommen. Darin wird festgehalten, dass die Gewaltanwendung und das Zufügen körperlichen oder seelischen Leidens unzulässig sind.

Wenn das Kindeswohl durch das Verhalten der Eltern gefährdet ist, muss das Gericht, von wem immer es auch angerufen wird, die zum Schutz, Wohl und Sicherheit des Kindes notwendigen Verfügungen treffen. Somit kann das Gericht auch den Eltern die Obsorge für das Kind ganz oder teilweise entziehen. Ist in einer solchen Situation die Unterbringung bei Verwandten oder sonst geeigneten nahe stehenden Personen nicht möglich, hat das Gericht die Obsorge für das Kind ganz oder teilweise dem zuständigen Jugendwohlfahrtsträger zu übertragen. Daraufhin darf die Bezirksverwaltungsbehörde die Ausübung von Pflege und Erziehung an ausgewählte Pflegeeltern übertragen. (ELVIN 1996, S. 5 ff)

3.4 Der Begriff „das Kindeswohl“ bzw. „Obsorge“

Im (gerichtlichen) Verfahren ist stets das Kindeswohl zu beachten. Dabei geht es nach § 178 a ABGB um die Berücksichtigung

- der Persönlichkeit des Kindes,
- seiner Bedürfnisse
- besonders seiner Anlagen, Fähigkeiten, Neigungen und Entwicklungsmöglichkeiten sowie um
- die Lebensverhältnisse der Eltern und um die
- Meinung des Kindes

Gemäß § 178 b ABGB hat das Gericht vor Verfügungen, die die Pflege und Erziehung eines Kindes betreffen, dieses persönlich zu hören. Bei Kindern unter 10 Jahren kann dies durch den Jugendwohlfahrtsträger (Sozialarbeiter) oder in anderer geeigneter Weise veranlasst werden (Psychologen, Sozialpädagogen). Somit ist die Äußerung des Kindes in die gerichtliche Entscheidung mit einzubeziehen.

Unter der Obsorge versteht man

- die Pflege und Erziehung

- die Verwaltung des Vermögens und
- die gesetzliche Vertretung

des Kindes. Die Obsorge endet mit der Volljährigkeit des Kindes, im Normalfall mit Vollendung des 19.Lebensjahres.

Die Übertragung der Obsorge an die Pflegeeltern kann auf Antrag und durch gerichtlichen Beschluss unter folgenden Bedingungen vorgenommen werden:

- Zustimmung der Eltern / des Elternteils
- zwischen den Pflegeeltern und dem Kind muss eine dem Verhältnis zwischen leiblichen Eltern und Kind nahe kommende Beziehung bestehen
- das Pflegeverhältnis darf nicht nur für kurze Zeit beabsichtigt sein
- diese Übertragung muss dem Kindeswohl entsprechen

Gegen den Willen der Eltern bzw. Obsorgeberechtigten (Großeltern) kann die Obsorge nur dann an die Pflegeeltern übertragen werden, wenn ohne diese Übertragung das Kindeswohl gefährdet wäre. Wie bereits oben erwähnt, muss ein bereits 10-jähriges Kind in einem solchen Verfahren jedenfalls vom Richter gehört werden. (ELVIN 1996, S. 8 ff)

4. DEFINITIONEN IM PFLEGEKINDERWESEN

4.1 Das Pflegekind

„Mit dem Begriff 'Pflegekind' sind (...) Kinder und Jugendliche gemeint, die (...) in einer 'anderen', d.h., einer nicht mit ihrer Herkunftsfamilie identischen Familie, durch Vermittlung eines Jugendamtes oder einer sonst legitimierten Stelle einen zeitlich befristeten, aber mehr als nur vorübergehenden, oder einen auf Dauer angelegten Sozialisationsort erhalten haben". (BLANDOW 1999, S. 757)
Ein Pflegekind ist somit faktisch ein Kind zweier Familiensysteme, des der Herkunftsfamilie und des der Pflegefamilie. Das Pflegekind bleibt zeitlebens das leibliche Kind seiner Eltern, wohingegen es zu den Pflegeeltern in einer Pflegebeziehung steht. Der Aufenthalt in einer Pflegefamilie richtet sich nach dem individuellen Bedarf des Kindes. Dies kann sowohl von kurzer Dauer als auch für mehrere Jahre sein.

Die Gründe für die Placierung eines Pflegekindes in einer Pflegefamilie können sehr unterschiedlich sein. Es kann davon ausgegangen werden, dass eine Entwicklung zum Wohle des Kindes in seinen bisherigen Lebenswelten nicht gewährleistet ist. Oft ist eine Krisensituation in der Herkunftsfamilie vorhanden, so dass die Erziehung bzw. das Wohl des Kindes nicht mehr gewährleistet ist. Daraus resultiert die Notwendigkeit, das Kind zeitweise oder dauernd von seiner Familie zu trennen.

TEXTOR (1995, S. 46 f.) nennt folgende Gründe für die Unterbringung von Pflegekindern:

- Vernachlässigung
- Misshandlung
- finanzielle oder Wohnprobleme
- psychische Störungen der Eltern
- Erziehungsunfähigkeit / -schwierigkeiten
- emotionale Ablehnung des Kindes
- Ehe-/ Partnerprobleme
- Eltern-Kind-Konflikte
- sexueller Missbrauch
- Abwesenheit / Verschwinden / Tod von Elternteilen
- Alkohol- und Drogenmissbrauch
- Kriminalität

4.2 Die Pflegefamilie bzw. die Pflegeperson

„Der Begriff 'Pflegefamilie' wird zur Kennzeichnung des Sozialisationsortes, an dem das Pflegekind lebt, benutzt. Irrelevant für den Begriff ist die Frage nach dem Familienmodell, auch die Frage, ob es sich überhaupt um eine Familie im üblichen Sinne oder um eine andere privat organisierte Lebensform zwischen Erwachsenen und Kindern handelt. Die mit der Erziehung des Pflegekindes betrauten erwachsenen Menschen in der Pflegefamilie werden als 'Pflegepersonen' bezeichnet". (BLANDOW 1999, S. 757)

Es zeigt sich, dass es eine Vielzahl unterschiedlicher Pflegefamilien gibt, was die Art und Weise ihres Zusammenlebens, die Gestaltung ihres Familienalltages, die Anzahl sowie das Alter der in ihr lebenden Erwachsenen und Kinder anbelangt. Es gibt verheiratete und in Lebenspartnerschaft zusammenlebende Pflegepersonen und es gibt allein stehende und gleichgeschlechtliche Pflegepersonen. Daraus lässt sich ableiten, dass die Vielfalt von Pflegefamilien eine Stärke des Pflegekinderwesens darstellt. Pflegepersonen sind die Experten für das Kind, da sie mit dem Kind zusammenleben und dadurch die aktuelle Entwicklung des Kindes am besten beschreiben können.

4.3 Die Herkunftsfamilie

Unter Herkunftsfamilie werden die leiblichen Eltern eines Pflegekindes, dessen Geschwister, Großeltern und andere Verwandte verstanden. Die familiäre Situation der Herkunftsfamilie kann sehr unterschiedlich sein. Die leiblichen Eltern können zusammen oder getrennt leben, die Geschwister der Pflegekinder können weiterhin bei den Eltern leben, oder in der gleichen oder in einer anderen Pflegefamilie, in einem Heim, bei einem Elternteil oder bei anderen Verwandten untergebracht sein. Das Wissen um die Situation der Herkunftsfamilie, um die Ursachen und den Anlass der Fremd-Placierung ist für die Integration des Kindes in die Pflegefamilie von großer Bedeutung. Häufig ist der Wunsch nach regelmäßigen Besuchskontakten vorhanden, die Besuchsregelung richtet sich nach den individuellen Bedürfnissen und Interessen des Pflegekindes. Für den gelingenden Verlauf eines Pflegeverhältnisses ist die individuelle Art und Weise der Einbeziehung der Herkunftsfamilie von großer Bedeutung. (Handbuch Pflegekinderwesen Schweiz 2001, S. 134 f.)

4.4 Das Pflegeverhältnis

Mit Pflegeverhältnis wird das ganze System bezeichnet, in dessen Mittelpunkt das Pflegekind steht. Es sind immer mehrere Personen (z.B. leibliche Eltern, Pflegeeltern, Pflegekinderdienste usw.) an einem Pflegeverhältnis beteiligt. Daraus resultiert eine komplexe Struktur. Das gesamte System Pflegeverhältnis bedarf einer Steuerung, da viele persönliche Wünsche und Erwartungen sowie fachliche Ansprüche der Beteiligten aufeinanderprallen. Ein Pflegeverhältnis endet dann, wenn ein Pflegekind in die Selbstständigkeit entlassen wird, eine Rückführung in die Herkunftsfamilie stattfindet, eine andere geeignete Betreuung außerhalb der Pflegefamilie gefunden wird, oder wenn das Pflegeverhältnis abgebrochen werden muss. (Handbuch Pflegekinderwesen Schweiz 2001, S. 168 f)

4.5 Pflegekinderwesen

„Das Gesamt der institutionellen, personellen und rechtlichen Arrangements, die der Unterbringung von Kindern in Vollzeitpflege, ihrer und der Pflegepersonen Begleitung und Unterstützung in der Pflegefamilie, gegebenenfalls auch der Rückführung der Kinder in ihre Herkunftsfamilie oder der Vermittlung eines anderen Sozialisationsortes nach Beendigung eines Pflegeverhältnisses, dienen". (BLANDOW 1999, S. 758)

5. FORMEN VON PFLEGEVERHÄLTNISSEN

Aufgrund der Dauer eines Aufenthaltes in einer Pflegefamilie, des individuellen Bedarfs und der daraus resultierender notwendigen Leistungen können verschiedene Pflegeformen abgeleitet werden (vgl. Handbuch für das Pflegekinderwesen in Sachsen-Anhalt 2004, S. 28 ff):

5.1 Dauerpflege

Bei der Pflege auf Dauer soll die Erziehung in der Herkunftsfamilie ersetzt werden, wenn diese, aus unterschiedlichsten Gründen, ihrem Erziehungsauftrag nicht mehr nachkommen kann. Der Aufenthalt in der Pflegefamilie kann sich bis zur Volljährigkeit und darüber hinaus erstrecken. Folgende Faktoren beeinflussen die Dauer:

- Entwicklung der Dreiecks-Beziehung zwischen Pflegekind, Pflegefamilie und Herkunftsfamilie
- Entwicklung einer Erziehungsfähigkeit in der Herkunftsfamilie
- Integration in die Pflegefamilie (Verankerung)

Grundsätzlich hat das Pflegekind auch bei einer auf Dauer angelegten Pflege das Recht auf Kontakt zu den leiblichen Eltern. Gleichzeitig muss allen Beteiligten klar sein, dass ein Kind in einer anderen Familie zu deren Mitgliedern neue Beziehungen aufbaut und eingeht. Es ist daher zu berücksichtigen, dass das Pflegekind in einer solchen Situation eine schwierige Aufgabe hat, einerseits die Beziehung zur Herkunftsfamilie aufrecht zu erhalten, andererseits jene zur Pflegefamilie aufzubauen. Es ist für Pflegekinder oft nicht einfach, sich mit dieser Doppelrolle anzufreunden.

5.2 Kurzzeitpflege

In Abgrenzung zur Dauerpflege gibt es Situationen, in denen aufgrund der individuellen Lebenssituation des Pflegekindes eine kurzzeitige Unterbringung in einer Pflegefamilie notwendig wird. Die Kurzzeitpflege ist eine zeitlich befristete Hilfe, die Dauer ist abhängig von verschiedenen Indikatoren:

- ein kurzer, begrenzter Zeitraum, verursacht durch einen zeitlich befristeten Ausfall der Erziehungsfunktionen der Herkunftsfamilie
- eine Krisen- und Notsituation, durch die das Wohl des Kindes gefährdet ist
- die Perspektive ist zumeist klar in der Rückkehr des Pflegekindes in die Herkunftsfamilie zu sehen.

Höchstdauer des Verbleibs des Pflegekindes in der Pflegefamilie sollte sechs Monate nicht übersteigen. Für die Pflegeeltern und deren Kinder erfordert dies viel Einfühlungsvermögen, da sie unter Umständen mit ständig wechselnden neuen

Kindern zu tun haben, mit all ihren Originalitäten, Bedürfnissen, Emotionen, Verhaltensweisen und deren sozialen Kontakten.

5.3 Bereitschaftspflege

Bereitschaftspflege ist eine kurzfristige und vorübergehende Unterbringung von Kindern und Jugendlichen, deren Versorgung in der Herkunftsfamilie aufgrund von Krisensituationen nicht mehr gewährleistet ist. Die Herkunftseltern können ihrem Erziehungsauftrag nicht nachkommen, daher erfolgt Bereitschaftspflege häufig aufgrund einer offenkundig gewordenen Gefährdung des Kindeswohls. Die Aufnahme eines Kindes in eine Bereitschaftspflege ist immer im Zusammenhang mit der Perspektivklärung und in Notsituationen zu sehen. Sie erfolgt zumeist unvorbereitet und auf einen nicht absehbaren Zeitraum.

Bereitschaftspflegeeltern sichern die Grundversorgung des Kindes bzw. des Jugendlichen und achten insbesondere auf die Beziehung des Pflegekindes zu den Beteiligten. Aufgrund des kurzen, intensiven Kontaktes der Beteiligten ist die Trennung der Pflegekinder aus der Bereitschaftsfamilie so langfristig als möglich zu planen und dem Kind den Übergang in eine andere Betreuungsform oder in die Herkunftsfamilie zu erleichtern. Deshalb sind intensive Kontakte der Bereitschaftspflegeeltern zu den Herkunftseltern von Bedeutung.

5.4 Sozialpädagogische Pflegefamilie

Die sozialpädagogische Pflegefamilie soll für besonders entwicklungsbeeinträchtigte Kinder und Jugendliche Bedingungen bieten, die das Pflegekind hinreichend in seiner Persönlichkeitsentwicklung fördert. Diese Pflegeform wird bei Kindern und Jugendlichen gewählt, bei denen Verhaltensauffälligkeiten im Vordergrund stehen, damit verbunden ist ein erhöhter Betreuungs- und Erziehungsaufwand. Diese Pflegefamilien bieten den Pflegekindern einen stabilen, emotionalen und wirtschaftlichen Rahmen und geben den Kindern dadurch Sicherheit für eine gelingende Sozialisation. Aufgrund des besonderen Förderbedarfs ist eine lange Zusammenarbeit mit den sozialen Diensten und Beratungsstellen vonnöten.

Grundsätzlich ist die sozialpädagogische Pflege eine langfristige Begleitform, die Dauer wird beeinflusst von folgenden Faktoren:

- Entwicklung der Beziehung des Pflegekindes zur Pflegefamilie und zur Herkunftsfamilie
- Entwicklung von Bedingungen der Erziehungsfähigkeit in der Herkunftsfamilie
- Fortdauer des Potentials von Kindeswohlgefährdung und seelischer Behinderung

- besondere Förderbedingungen in der Pflege, die dem schulischen und körperlichen Wohl des Kindes dienen und im Herkunftsmilieu nicht in ausreichendem Maß zur Verfügung stehen.

Die Pflegeeltern sollten Kooperationsbereitschaft und die Befähigung zur Reflexion ihres pädagogischen Handelns für die Bewältigung der Erziehungsprobleme besitzen. Weiters ist davon auszugehen, dass besonders entwicklungsbeeinträchtigte Kinder und Jugendliche mit ihrem Verhalten, ihren Besonderheiten und Auffälligkeiten erschwerend auf ein Familiensystem einwirken. Deshalb sollte bei mindestens einem Elternteil eine abgeschlossene pädagogische, psychologische oder medizinische Ausbildung vorhanden sein.

5.5 Heilpädagogische Pflegefamilie

Eine heilpädagogische Pflegestelle hat in besonderer Weise den Auftrag, entwicklungsbeeinträchtigte, körperlich oder geistig behinderte Kinder und Jugendliche aufzunehmen, die neben einem medizinischen und therapeutischen auch einen erzieherischen Begleitbedarf zeigen. Im Gegensatz zur sozialpädagogischen Pflegefamilie steht hier die Aufnahme von behinderten Kindern im Vordergrund. Grundsätzlich ist auch die heilpädagogische Pflege eine langfristige Hilfeform.

Auch bei diesem Pflegeverhältnis ist es klar, dass entwicklungsbeeinträchtigte, seelisch und/oder körperlich behinderte Kinder und Jugendliche mit ihren Besonderheiten und ihrem Verhalten ein Familiensystem erschwerend beeinflussen. Da sie höhere Anforderungen an die Frustrationstoleranz, die Kompromissbereitschaft und die Geduld von Pflegefamilien stellen, sollte auch hier bei mindestens einem Elternteil eine pädagogische, psychologische oder medizinische Ausbildung vorhanden sein

6. UNTERSCHIED VON ORGANISATION UND FAMILIE

Die Arbeit von NIEDERBERGER / BÜHLER-NIEDERBERGER (1988) untersucht den Kontext, in dem Fremderziehung geschieht. Ausgangspunkt und Hauptuntersuchungsgegenstand sind einerseits die verschiedenen Formen der Fremderziehung, wie heil- und sozialpädagogische Pflegefamilien, die als Alternativen zum Heim entstanden sind, andererseits das Heim als Organisation. Die Gegenüberstellung und die konstante Frage nach Unterschieden und Ähnlichkeiten lassen die Merkmale der einzelnen Typen klarer erkennen. Vor einem theoretischen Hintergrund, in dem Organisationen und Familien als gegensätzliche Typen menschlicher Gesellung begriffen werden, haben sie Dimensionen herausgearbeitet, die Organisationen und Familien in ihrer Bedeutung als Erziehungsumwelt erfassen und voneinander abgrenzen lassen.

Es wird ein übergreifender, theoretischer Analyseraster geliefert, basierend auf der sozialwissenschaftlichen Unterscheidung von Familie und Organisation. Weiters wird auf Alltagsgeschehen und Probleme aufmerksam gemacht, die sich je als Folge des gewählten Strukturtypus begreifen lassen, es werden Grenzen des Einsatzes der unterschiedlichen Betreuungsformen abgesteckt und erzieherische Möglichkeiten abgewogen. Es ist dadurch möglich, eine Bewertung einzelner Institutionen vorzunehmen und einen Bestandteil einer Theorie der Fremderziehung zu formulieren, die die soziale Form, in der Erziehung geschieht, in den Mittelpunkt rückt. NIEDERBERGER / BÜHLER-NIEDERBERGER (1988, S. 30 ff) haben vier Merkmalsdimensionen für die beiden Gesellungsformen Familie und Organisation gefunden:

ORGANISATION	**FAMILIE**
Kündbarkeit	Dauerhaftigkeit
Schemenhaftigkeit	Körperlichkeit
Austauschbarkeit	Einmaligkeit
Explizitheit	Implizitheit

6.1 Kündbarkeit und Dauerhaftigkeit

Trotz der hohen Scheidungsraten hat sich an der Vorstellung der Dauerhaftigkeit von Familie nichts geändert, da ja bei der Trauung immer noch der „Bund fürs Leben" geschlossen wird. Im Vergleich zur Organisation ist die Mitgliedschaft in einer Familie nicht kündbar. In Familien gibt es keine Entlassungen und Kündigungen, höchstens Verstoßungen, die aber eine lange und katastrophale Entwicklung voraussetzen. Die Familie definiert sich durch ihre konkreten Mitglieder und ist personenbezogen.

Die Organisation hingegen bezieht sich nicht auf Menschen, sondern auf vorentworfene Handlungsstrukturen, also Rollen, von einer gewissen Regelhaftigkeit und Wiederholbarkeit. Sie benötigt Personen, um die vorgesehenen Handlungen auszuführen, gleichzeitig sind diese in ihrer Funktion austauschbar. Die Erwartungen und Handlungen, die der einzelne Rollenträger auf andere richtet, beziehen sich nicht auf reale andere Personen und Identitäten, sondern auf die Rollen, in denen ihm die anderen Personen entgegentreten. Die Organisation ist nur an der Leistung der Person interessiert, andere Aspekte sollten verdrängt werden. Sie verlangt den vollen Einsatz, aber nicht die volle Person. Ihr Ideal ist Leistungsbereitschaft auf Abruf, bezüglich Zeitpunkt, Dauer, Ausmaß und Qualität, und indifferent gegenüber dem Inhalt. Sie ist ein jederzeit veränderbares Gebilde, weil sie ihre eigene Realität vom Leben ihrer Mitglieder trennt.

6.2 Schemenhaftigkeit – Körperlichkeit

Die Zeit in einer Organisation verläuft linear fortschreitend, weil ihr Bestehen kein Körperliches, sondern ein schemenhaft Gedachtes ist, obwohl sie ihre Energie aus Körpern bezieht und auf solche angewiesen ist.
In der Familie formt sich dagegen die Zeit in Zyklen, sich zeigend in der Entstehung, dem Aufbau und dem Vergehen des natürlichen Lebens. Sie ist über Personen an Körper gebunden und mit dem Körperlichen befasst. Ihre Zeit teilt sich in die Phasen der körperlichen Entwicklung ein, von der jungen Familie bis zum alten Paar. Im Unterschied zur Organisation, die auf personalen Verlust mit personalem Ersatz reagiert, verlangt dies in der Familie eine Neuorientierung, Neudefinition und Neustrukturierung des Rollen- und Sinngefüges.

6.3 Austauschbarkeit – Einmaligkeit

Einmaligkeit ergibt sich wie die Körperlichkeit aus der Personenbezogenheit der Familie. Es zeigt sich, dass die Beziehungen unter den Familienmitgliedern von der Einmaligkeit und Unverwechselbarkeit der anderen und gleichzeitig der eigenen Person geprägt ist. Die Beziehungen zueinander sind daher für die Familienmitglieder etwas Außergewöhnliches und Besonderes. Kleine Kinder sind schon in der Lage das Charakteristische und Einmalige von Gesichtern, Stimmen und Gesten in ihren primären Wahrnehmungsvorgängen zu erfassen, ohne dass ihnen ihre Besonderheit bewusst wird. Sie können sich zwar noch nicht über die Eigenarten der für sie wichtigsten Personen unterhalten, sich jedoch an sie erinnern und auf sie einstellen. „Der Unterschied zwischen Familie und Organisation ist nicht einer des physiologischen Wahrnehmungsapparates und der Gesetze innerlicher Repräsentation. Die sind da wie dort dieselben. Es ist ein Unterschied der Geltung, des Stellenwertes, der Verarbeitungsweise". (NIEDERBERGER / BÜHLER-NIEDERBERGER 1988, S. 37)

6.4 Explizitheit – Implizitheit

Die Familie mag sich selber als Zweck und die Personen als Mittel sehen, oder umgekehrt, aber immer ist ihre Zweckstruktur im Bereich des Körperlichen oder Personalen festgelegt. Mit „Familie" war immer schon das Aufziehen von Kindern, die Sorge um das Wohlergehen der Angehörigen und das Interesse an den Personen, die zu ihr gehören, verbunden. Im Unterschied zur Organisation bestimmt dies die vielen kleinen Handlungen und füllt den Alltag aus. Organisationen suchen sich aus allen denkmöglichen Zwecken einen heraus. Familien hingegen erbringen das Notwendige, das Unabdingbare, das Vorausgesetze und darum nicht Entscheidbare. Wer eine Organisation ins Leben ruft, muss wissen, wozu er dies tut. Jede Handlung und strukturelle Vorkehrung muss auf den Zweck bezogen sein und rechtfertigt so die Existenz der Organisation. Zweckrationalität ist der Maßstab organisationaler Disziplin.

In der Familie ist das Verhältnis von Alltagshandlungen und übergeordnetem Zweck ein anderes als in der Organisation. In der Familie ist der Alltag weniger strukturiert, wohingegen in einer Organisation das Handeln plan- und zielgerichtet ist. Organisationen programmieren nach dem Prinzip des Ausschlusses alles nicht Zweckbezogenen und sie sanktionieren auch nach diesen. In der Familie gilt eher der Grundsatz des größtmöglichen Einschlusses all dessen, was in der Familie vorfällt. Weil der einzelne Zweck im Familienalltag oft eingelassen in einem Handlungs- und Sinnkomplex verfolgt wird, der mehreren Zwecken dienen muss, sprechen wir von Implizitheit. Als typisch für die Organisation setzen wir die Explizitheit entgegen.

7. PFLEGEFAMILIE ZWISCHEN ERSATZFAMILIEN- UND ERGÄNZUNGSFAMILIENKONZEPT

Bezüglich Pflegefamilien werden unterschiedliche Konzepte diskutiert. Besonders diametral entgegen gesetzte Sichtweisen sind vorhanden bei der Frage, ob die Aufgabe, Rolle und Funktion einer Pflegefamilie als Ersatzfamilie oder als Ergänzungsfamilie zu verstehen ist.

In Bezug auf die Pflegekinder stellen sich vor allem die Fragen, welche psychische und soziale Bedeutung die Herkunftsfamilie und die bisherige Lebensgeschichte für das Kind hat und ob Kinder in der Lage sind, Bindungen zu zwei Familien aufrechtzuerhalten, ohne unlösbare Loyalitätskonflikte und Ambivalenzen erdulden zu müssen. „Die Frage spitzt sich zu, wenn Kinder in ihren Ursprungsfamilien vernachlässigt, misshandelt, traumatisiert wurden. Vor allem psychoanalytisch orientierte Autorinnen argumentieren hierzu, dass eine exklusive Bindung an eine dem Kind zugewandte Person sowohl Voraussetzung für persönliches und seelisches Wachstum ist, als auch Bedingung für die Lösung aus einer traumatisierenden Beziehung". (BLANDOW 1996, S. 56)

Demgegenüber orientiert sich die systemische Perspektive stärker an der Gesamtfamilie. Die Pflegefamilie wird als Ressource zur zeitlich begrenzten Unterstützung der Herkunftseltern bei der Beziehung des Pflegekindes gesehen. Das langfristige Ziel ist der Erhalt einer Beziehung zwischen Pflegekind und Herkunftseltern, wenn möglich wird eine Rückführung des Kindes in seine Herkunftsfamilie angestrebt. „Systemiker setzen auf die Auseinandersetzung mit den realen Eltern und zwar auch um 'überschüssigen' Fantasien des Kindes über seine Herkunft vorzubeugen. Zur systemisch orientierten Argumentation gehört zudem sehr wesentlich das pragmatische Argument der rechtlichen und sozialen Wirklichkeit von Pflegeverhältnissen. (...) Die Situation in der Herkunftsfamilie kann sich nach einer krisenhaften Phase wieder so stabilisieren, dass das Kind zu ihr zurück kann; viele Kinder möchten den Kontakt behalten". (BLANDOW 1996, S. 57)

7.1 Das Ersatzfamilienkonzept

Die Vertreter des Ersatzfamilienkonzeptes, NIENSTEDT / WESTERMANN (1990), orientieren sich schwerpunktmäßig am Pflegekind, das die Chance erhalten soll, sich aus traumatisierenden Beziehungen zu seinen Herkunftseltern zu lösen und in der

Pflegefamilie mittels eines Neuanfangs neue, befriedigende Bindungen einzugehen. Dies gelingt dem Kind nur, „wenn es in neuen Eltern-Kind-Beziehungen die traumatischen Erfahrungen in seiner Herkunftsfamilie wie in einem geradezu therapeutischen Prozess in der Pflegefamilie korrigieren kann“. (NIENSTEDT / WESTERMANN 1990, S. 295)

Die Ablösung von der Ursprungsfamilie für den Aufbau einer neuen Eltern-Kind-Beziehung wird als absolut notwendig erachtet. „Beide Prozesse, Bindung und Trennung, laufen nebeneinander her und bedingen sich gegenseitig. Bindung wird durch Ablösung ermöglicht, und Ablösung wird durch Bindungsmöglichkeiten erleichtert. Bindungen sind nur da möglich, wo Trennungen vollzogen werden“. (NIENSTEDT / WESTERMANN 1990, S. 201). In einem therapeutischen Prozess soll dem Kind geholfen werden, seine existenziell bedrohlichen Erfahrungen zu verarbeiten und eine kritische Distanz zu seinen leiblichen Eltern zu entwickeln. „Und das bedeutet in allen Fällen, in denen ein Kind die Eltern als nicht schützend und höchst unbefriedigend, als beängstigend und bedrohlich erlebt hat, dass das Kind von jeglichem weiteren Kontakt mit den Eltern geschützt werden muss“. (NIENSTEDT / WESTERMANN 1990, S. 211)

Der Prozess der Integration eines Kindes in eine Pflegefamilie ist abhängig von den besonderen traumatischen Erfahrungen, die das Kind in der Ursprungsfamilie mit Vater und Mutter gemacht hat. NIENSTEDT / WESTERMANN (1990, S. 48 – 88) gehen in ihrer Theorie der Integration von dem Grundgedanken aus, dass ein Kind in der Lage ist und dass ihm erlaubt werden muss, noch einmal neue Eltern-Kind-Beziehungen zu entwickeln. Verläuft der Prozess der Integration positiv, sind drei mehr oder weniger deutlich voneinander unterscheidbare Phasen zu beobachten.

1. In der Anpassungsphase ist das Kind bemüht, vorherrschende Normen, Werte und Erwartungen der Pflegeeltern zu erfüllen, Konflikte werden vermieden. Die Überanpassung des Kindes, die mehrere Wochen anhalten kann, dient dem Kind dazu, Sicherheit im neuen Lebensort zu gewinnen.

2. In der Phase der Wiederholung früherer Beziehungsformen in der Übertragungsbeziehung überprüft das Kind seine früheren Verhaltensweisen bezüglich deren Relevanz in der Pflegefamilie, d.h., es überträgt die Konflikte mit den Herkunftseltern auf die Pflegeeltern. Dies ist für die Pflegeeltern oft sehr belastend, sie meinen es besonders gut mit dem Kind, die Reaktionen des Kindes in der aktuellen Situation sind jedoch oft nicht nachvollziehbar und nur schwer zu ertragen, besonders wenn es sich um Aggressionen handelt. Die scheinbaren

Verhaltensrückschritte können als Fortschritte verstanden werden, da das Kind dadurch frühere Erfahrungen korrigieren und aufarbeiten kann. Das Kind vermag zwischen seinen vergangenen und seinen gegenwärtigen Beziehungen zu unterscheiden, dadurch kann es eine kritische Distanz zur eigenen Geschichte gewinnen.

3. In der Phase der Regression zeigt das Kind Verhaltensweisen, die einer viel früheren Entwicklungsstufe zuzurechnen sind und nicht zu seinem tatsächlichen Alter passen. Die Regression ermöglicht dem Kind noch einmal Bindungen aufzubauen, wie dies ein kleines Kind zu seinen Eltern tut. Diese erfolgen nach den gleichen Entwicklungsschritten, wie sie für die frühkindliche Entwicklung charakteristisch sind. Die Integration eines Kindes in die Ersatzfamilie kann als gelungen und abgeschlossen betrachtet werden, wenn sich das Kind in geschlechtsspezifischer Weise mit den Pflegeeltern identifiziert und seine Selbstidentität als Kind durch die Zugehörigkeit zu diesen Eltern geprägt ist.

Im Ersatzfamilienkonzept wird oft angenommen, dass die Erziehungsfähigkeit der Herkunftseltern erheblich eingeschränkt ist und dass Besuchskontakte von diesen zur Aufrechterhaltung der Illusion einer befriedigenden Eltern-Kind-Beziehung gebraucht und missbraucht werden. Eine Fortsetzung der angstbesetzten oder dysfunktionalen Pflegekind-Herkunftseltern-Bindung steht der Nutzung der neuen Sozialisations-Chance des Kindes in der Pflegefamilie entgegen. „Ansprüche der leiblichen Eltern auf die Elternrolle, die in Rückführungsforderungen oder Forderungen nach regelmäßigen Besuchskontakten zum Ausdruck kommen, stellen die Zugehörigkeit des Kindes zu den Pflegeeltern in Frage. In diesem Fall kann das Kind keine sicheren Eltern-Kind-Beziehungen entwickeln und die traumatischen Erfahrungen nicht bewältigen. Die Institution Pflegefamilie verliert ihren Sinn, wenn Pflegeeltern als Helfer für die leiblichen Eltern, die ihre Pflichten und ihre Verantwortung für das Kind nicht wahrnehmen konnten, benutzt werden". (WESTERMANN 2005, S. 290)

Das Ersatzfamilienkonzept wird im folgenden Strukturdiagramm verdeutlicht:

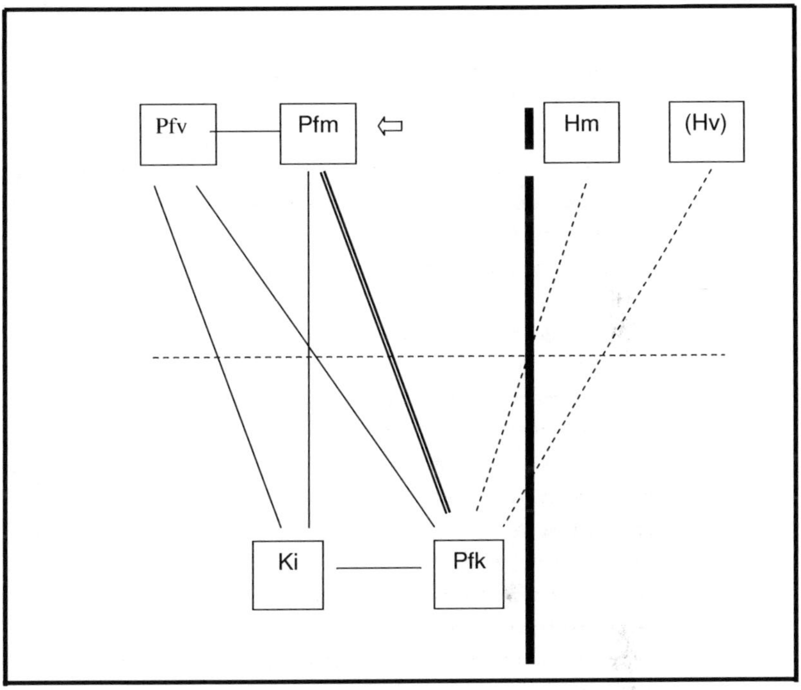

.... = Grenze zwischen Eltern-Subsystem und Kinder-Subsystem

═══ = konflikthafte Beziehung

——— = positive Beziehung

- - - - = abgebrochene Beziehung

▬ = Grenze zwischen Herkunftsfamilie und Pflegefamilie

⇨ = Richtung des Informationsflusses

Pfv= Pflegevater, Pfm = Pflegemutter, Ki = leibliche Kinder, Pfk = Pflegekind, Hv = Herkunftsvater, Hm = Herkunftsmutter

---

Abb.1: Strukturdiagramm (idealtypisch) einer Pflegefamilie vom Ersatzfamilien-Typ (KÖTTER 1994, S. 71)

Das Modell zeigt innerfamiliär das übliche Eltern-Subsystem und das Kinder-Subsystem mit idealtypisch positiven Beziehungen auf dem Hintergrund von Übertragungsprozessen. In das Kinder-Subsystem ist das Pflegekind aufgenommen und gut integriert. Daneben hat das Kind noch einen Anhang außerhalb der pflegefamilialen Grenzen, seine Herkunftsfamilie. Reale Beziehungen zwischen der Herkunftsfamilie und dem Pflegekind sind unterbrochen und eine Verbindung zwischen ihnen besteht lediglich über Erinnerungen und Fantasien. Die Grenze der Pflegefamilie in Richtung der Herkunftsfamilie ist bis auf einen kleinen Spalt für einen einseitigen oder gegenseitigen Informationsaustausch geschlossen.

7.2 Das Ergänzungsfamilienkonzept

Von den Vertretern des Ergänzungsfamilienkonzeptes (GUDAT 1999 a/b; SCHUMANN 1999; WIEMANN 2003) wird die Pflegefamilie, vor dem Hintergrund der Bindungstheorie und familientherapeutischer Grundbegriffe als Ergänzungsfamilie verstanden. „Eine Pflegefamilie, die die bisherigen Bindungen oder Beziehungen des Kindes achtet, die nicht den Anspruch hat, alles für das Kind neu und besser zu gestalten, und sich deshalb darauf beschränkt, die fehlende Funktionalität der alten Familie zu ergänzen, hat eine grundlegend andere Struktur. Das zumindest dann, wenn die Hauptproblematik der bisherigen Familie in einer mangelnden Ausübung der elterlichen Funktion lag. Das ist üblicherweise die Situation, wenn Kinder in eine Pflegefamilie kommen. Ziele der Bemühungen sollte dann nicht ausschließlich das Kind sein, sondern der Aufbau eines funktionalen erweiterten Eltern-Subsystems". (GUDAT 1999 b)

Im Rahmen der Bindungstheorie wird davon ausgegangen, dass in den ersten beiden Lebensjahren zwischen dem Kind und seinen Eltern eine Bindung aufgebaut wird, deren Verlust für ein Kind später traumatisch ist. Es gilt daher, den Verlust dieser Bindung möglichst zu vermeiden. Daraus resultiert die Notwendigkeit, dass das Kind seine frühen Bindungspersonen, also seine Herkunftseltern, in seinem Leben behalten kann, denn es hängt auch an gestörten oder ambivalenten Bindungen. Ist dies nicht möglich, sollte dem Kind eine Ersatzperson, also zum Beispiel eine Pflegemutter zur Verfügung stehen, an die es sich neu anbinden kann. Es wird die Fähigkeit eines Kindes angenommen, mehrere Bindungen gleichzeitig einzugehen, wenn diese klar voneinander abgegrenzt sind. Es ist möglich, „... dass bestehende Bindungen keineswegs ein Hindernis für das Kind darstellen, eine neue zusätzliche Bindung einzugehen". (GUDAT 1999 a)

Auch WIEMANN (2003) hält einen Abbruch von Kontakten für den falschen Weg. Tritt nach dem Abbruch von Kontakten eine Ruhe ein, handelt es sich nur um eine Scheinruhe, da der Schmerz eines Beziehungsverlustes im Kindesalter lebenslang prägend ist. „Ist ein Kind in seinem Leben schon Bindungen eingegangen, dann ist es oberstes Gebot, diese Bindungen nach einer 'Fremd-Placierung' durch Kontakte zu erhalten, auch wenn diese Bindungen nicht gleichzusetzen sind mit positiven Erfahrungen. Bindung und Verlust im Leben eines Kindes beeinflussen sein Beziehungsverhalten für das ganze Leben". (WIEMANN 2003, S. 40)

Besuchskontakte zu der Herkunftsfamilie dienen nach diesem Konzept der realistischen Auseinandersetzung des Pflegekindes mit seiner komplexen Lebenssituation. So wird verhindert, dass die Herkunftseltern für das Pflegekind zu Fantasiegestalten werden und dass die Kinder ihre Herkunft verleugnen müssen. Durch das Herausdrängen der Herkunftseltern aus dem Pflegeverhältnis, mittels Reduktion des Beziehungsdreiecks „Pflegeeltern–Pflegekind-Herkunftseltern" auf die Beziehungsachse „Pflegeeltern–Pflegekind", entstehen konflikthafte Beziehungen, die von Konkurrenz, Misstrauen und Eifersucht geprägt sind. „Selbst in Pflegeverhältnissen, in denen der Kontakt zwischen dem Pflegekind und seinen leiblichen Eltern unterbrochen war und die Pflegeeltern zu 'faktischen Eltern' geworden sind, zeigen Pflegekinder häufig in der Pubertät ein großes Interesse an ihren leiblichen Eltern und an einem Kontakt mit ihnen. Pflegeeltern sollten auf diese Entwicklung vorbereitet sein, damit es nicht zur belastenden Situation kommt, von der ein Pflegekind (16 Jahre) auf einer Tagung berichtete: Er hatte sich jahrelang hinter dem Rücken der Pflegemutter heimlich mit seiner leiblichen Mutter getroffen, 'um der Pflegemutter nicht weh zu tun', weil es deren emotionale Betroffenheit hinsichtlich der 'anderen' Mutter spürte (Arbeitsgemeinschaft für Jugendhilfe, 1981)". (SCHUMANN 1999)

Es ist erstrebenswert, ein pathologisches Dreieck, ein für das Kind schädliches Dreieck, zu verhindern, in dem es zwischen Elternpaaren mit einer negativen konflikthaften Beziehung zueinander hin- und hergerissen wird. Dieses pathologische Dreieck entsteht genau dann, wenn kein Kontakt zwischen Pflegekind und Herkunftseltern zustande kommt. „Unsere Hypothese lautet: Es sind vielleicht weniger die einzelnen Reaktionen von Pflegeeltern oder Herkunftseltern, die sich belastend auf das Kind auswirken, sondern der Dauerstress, unter dem das Kind steht, wenn es in die Situation des 'Pathogen-Dreiecks' gerät. Dies entsteht dann, wenn sich zwischen Pflegeeltern und Herkunftseltern keine einigermaßen tragbare Beziehung entwickelt, sondern beide Parteien in erster Linie um das Kind rivalisieren". (SCHUMANN 1999)

Durch die reale Begegnung des Pflegekindes und der Pflegeeltern mit den Herkunftseltern kann die Entstehung von Loyalitätskonflikten verhindert werden. Daher sollten Kontakte im Hinblick auf das Wohlergehen des Kindes in einer Atmosphäre gegenseitiger Akzeptanz und Wertschätzung stattfinden. „Das alles ist viel verlangt von aufnehmenden Familien. Doch die Maßnahme Familienunterbringung ist für ein Kind nur dann gut, wenn Pflege- und Adoptiveltern zum Erhalt alter Bindungen beitragen, wenn sie das Kind bei der Bewältigung seiner Herkunftsgeschichte begleiten wollen. Sonst ist Familienunterbringung nicht die richtige Maßnahme. Das System Herkunft/ Kind/ Neue Familie ist vergleichbar einem empfindlichen Regelkreis, in dem sehr viele Variable aufeinander abgestimmt sein müssen, damit es funktioniert. (...) Gibt es im Regelkreis Kurzschluss, zum Beispiel soziale Gegnerschaft, Rivalität oder gar Hass zwischen abgebenden und aufnehmenden Familien, dann ist dies für das Kind zerstörerisch. Dann ist eine andere Lebensgemeinschaft wie zum Beispiel Heim, Wohngemeinschaft, betreutes Jugendwohnen vorzuziehen.“ (WIEMANN 2003, S. 41 f.)

Im Strukturdiagramm des Ergänzungsfamilienkonzeptes wird gezeigt, dass, im Unterschied zum Ersatzfamilienkonzept, die Beziehung zwischen den Erwachsenen in den Vordergrund gestellt wird, und nicht die Eltern-Kind-Beziehung. Ziel der Unterbringung ist die Etablierung eines funktionalen erweiterten Eltern-Subsystems unter Berücksichtigung der Herkunftseltern, die dabei nicht als Anhang des Pflegekindes, sondern als Subsystem der Pflegefamilie auf der Elternebene verstanden werden. Somit wird die Pflegefamilie als erweitertes Familiensystem betrachtet.

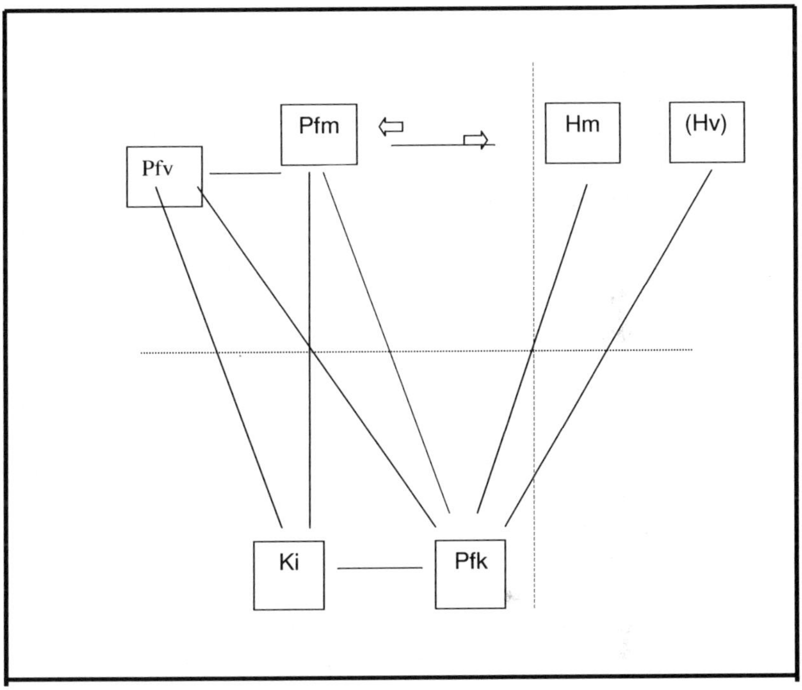

.... = Grenze zwischen Eltern-Subsystem und Kinder-Subsystem

═══ = konflikthafte Beziehung

____ = positive Beziehung

- - - - - = abgebrochene Beziehung

.... = Grenze zwischen Herkunftsfamilie und Pflegefamilie

⇨ = Richtung des Informationsflusses

Pfv= Pflegevater, Pfm = Pflegemutter, Ki = leibliche Kinder, Pfk = Pflegekind, Hv = Herkunftsvater, Hm = Herkunftsmutter

Abb.2: Strukturdiagramm (idealtypisch) einer Pflegefamilie vom Ergänzungsfamilien-Typ (KÖTTER 1994, S. 76)

7.3 Gegenüberstellung der Konzepte

Wenn die Vielfältigkeit faktischer Pflegeverhältnisse, d.h. ihre unterschiedlichen Hintergründe, die Besonderheiten der jeweiligen Geschichte des Pflegekindes und die Besonderheiten der Lebensumstände der Herkunfts- und Pflegeeltern berücksichtigt werden, wird die Kontroverse um die Pflegefamilie - Ersatz- oder Ergänzungsfamilie - entschärft. „Denn natürlich stellt sich das Problem für ein Kind, das als Kleinst- oder Kleinkind in eine Pflegefamilie vermittelt wurde, anders als für ein älteres Kind. (...) Schließlich ist es natürlich von großer Bedeutung, welche Erfahrungen das Kind bei den Herkunftseltern tatsächlich gemacht hat. Hilfreich für eine differenzierende Argumentation wäre es auch, zur Kenntnis zu nehmen, dass jeweils etwa ein Drittel der Kinder in der Pflegefamilie ihren dauerhaften Lebensort (nicht selten mit einer Adoption verbunden) findet, ein zweites Drittel aber schon nach oft kurzer Zeit zu den Eltern zurückkehrt und das letzte Drittel aus irgendeinem Grunde nicht in der Pflegefamilie verbleibt, aber auch nicht zu den leiblichen Eltern oder Verwandten zurückkehrt". (BLANDOW 1996, S. 57 f.)

Nach GASSMANN (Vgl. 2000, S. 54) kann zusammenfassend festgehalten werden, dass das Ersatzfamilien- und Ergänzungsfamilienverständnis von unterschiedlichen Annahmen ausgehen, und somit in divergierende Zielvorstellungen münden.

Ersatzfamilienverständnis	Ergänzungsfamilienverständnis
ANNAHMEN	
Herkunftseltern sind nicht beziehungs- und erziehungsfähig	Beziehungs- und Erziehungsfähigkeit der Herkunftseltern ist nur zeitweilig eingeschränkt.
Der größte Teil der Pflegekinder machte traumatische Erfahrungen.	Der kleinere Teil der Pflegekinder machte traumatische Erfahrungen.
Pflegekinder müssen vor den Eltern geschützt werden, um sich gesund entwickeln zu können.	Eine gesunde Entwicklung setzt die reale Auseinandersetzung mit der Herkunftsfamilie voraus.
Pflegekinder können sich nur auf neue Beziehungen einlassen, wenn die alten abgebrochen werden.	Pflegekinder könne sich nur auf neue Beziehungen einlassen, wenn die alten aufrecht erhalten werden.
Pflegeeltern können nur begrenzte therapeutische Funktionen übernehmen. Sie sind nicht belastbar.	Pflegeeltern können gegenüber dem Pflegekind und gegenüber den Herkunfts-Eltern therapeutische Funktionen übernehmen. Sie sind belastbar.
Pflegefamilien sind nur als relativ geschlossene Systeme funktional.	Pflegefamilien sind nur als offene Systeme funktional.
ZIEL	
Dauerhafte Placierung	Zeitweilige Placierung
Emotionale Ablösung des Pflegekindes von der Herkunftsfamilie	Beziehungsaufbau bzw. –stabilisierung zwischen Pflegekind und Herkunftsfamilie
Hauptziel ist eine faktische Adoption des Pflegekindes durch die Eltern	Hauptziel ist die Reintegration des Pflegekindes in seine Herkunftsfamilie

Abb. 3: Annahmen für Ersatzfamilien- und Ergänzungsfamilienverständnis und entsprechende Zielvorstellung (GASSMANN 2000, S. 54)

Im Ersatzfamilienverständnis ist die Illusion vorhanden, das Herkunftssystem hinter sich lassen zu können bzw. alle Aufgaben innerhalb der Pflegefamilie lösen zu können. Dadurch werden die vorhandenen Ressourcen der Herkunftsfamilie und aktuell wirkende Beeinträchtigungen negiert. Im Ergänzungsfamilienverständnis ist die Hoffnung vorhanden, dass das Herkunftssystem oder das fremdplatzierte Kind sich erholt und die Defizite verschwinden. Es wird eine Rück-Placierung angestrebt, obwohl Systeme dauernd in Prozessen stehen, und ein Entfernen eines Familienmitgliedes aus dem Herkunftssystem massive Veränderungen verursacht, die eine Wiederherstellung eines alten Systems erschweren. (Vgl. GASSMANN 2000, S. 55)

Es ist notwendig, die Auswirkungen von Besuchskontakten auf verschiedene Ebenen der Pflegefamilie zu erfassen und im Hinblick auf einen möglichen Schaden für das Pflegekind zu bewerten. Folgende Aspekte sollten beim Entscheidungsprozess bedacht und bewertet werden (Handbuch Pflegekinderwesen Schweiz 2001, S. 50 f.):

Auf Seiten des Kindes:

- Vorschädigungen durch verschiedene Wechsel der Aufenthaltsorte. Hieraus ergeben sich Anhaltspunkte, was einem Kind an Belastungen zugemutet werden kann, wie irritierbar es ist, etc.
- Art und Ausmaß der traumatischen Erfahrungen des Pflegekindes in der Herkunftsfamilie und die Qualität der Bindung des Pflegekindes an seine Herkunftseltern. Die Bedürfnisse eines Kindes nach Sicherheit und Schutz haben hier Priorität bei einer Entscheidung. Besuchskontakte dürfen einem ohnehin geschädigten Kind nicht nochmals schaden!
- Psychische Stabilität des Pflegekindes. Wie verkraftet es ev. Kontakte? Wie sind seine personalen Dispositionen?
- Wille des Kindes – und hier als emotionaler Ausdruck des kindlichen Willens zum Beispiel Trennungsangst, sichtbar meist in einer Verweigerung der Kontakte. Es ist aber auch an die Möglichkeit einer bestehenden Angstbindung zu denken, die sich dann scheinbar als „innige Beziehung" darstellt!

Auf Seiten der Herkunftseltern:

- Ausmaß der psychosozialen Deprivation: Hier müssen vor allem das Beziehungsverhalten und die Beziehungsfähigkeit der Herkunftseltern untersucht werden.
- Zeitliche Perspektive: Aussicht auf mittelfristige Veränderung der Situation.
- Umgang mit und Einstellung zu den Ereignissen, die zur Placierung des Kindes führten. Ist eine Verleugnungshaltung feststellbar?

- Verarbeitung der Trennung: Welche Bedürfnisse und Interessen stehen hinter dem Wunsch nach Kontakten?

Auf Seiten der Pflegeeltern:

- Belastbarkeit
- Ressourcen inner- und außerhalb der Familie

Auf der Ebene der erweiterten Pflegefamilie:

- Zielperspektiven der Pflegeeltern, des Jugendamtes/ der placierenden Stellen und der Herkunftseltern. Hier gibt es in der Praxis viele Widersprüche, die mannigfache Probleme nach sich ziehen. Abhilfe kann hier vor allem Transparenz und fachliche Beratung durch kompetente Fachpersonen schaffen.
- Verhältnis der Pflegeeltern und der Herkunftseltern zueinander: Konkurrenz, gegenseitige Ängste, etc. wirken sich immer negativ auf das Pflegekind aus, denn es gerät in Loyalitätskonflikte.

8. DIE BEDEUTUNG VON BINDUNG UND TRENNUNG FÜR PFLEGEKINDER

Der Tätigkeit von Pflegeeltern kommt aus bindungstheoretischer Sicht große Bedeutung zu. Sie nehmen zumeist Kinder auf, die über bestimmte Vorerfahrungen verfügen, die eine einfache Integration in die Familie bzw. die Entwicklung eines positiven Eltern-Kind-Verhältnisses nicht ohne Weiteres zulassen. Fremdunterbringung bedeutet immer die Trennung von Bezugspersonen, welche ihre emotionalen Spuren beim Kind hinterlässt. Wenn sie nicht schon als Neugeborene in die Pflegefamilie gegeben wurden, haben die meisten Pflegekinder mehr oder weniger weitreichende traumatische Erfahrungen in ihrer Ursprungsfamilie gemacht, die oft mit körperlicher und psychischer Misshandlung gekoppelt sind. Vielfach weist die Biografie von Pflegekindern eine Abfolge zahlreicher, verschiedenartiger Lebenssituationen wie Herkunftsfamilie, Heim, Pflegeeltern, wieder leibliche Eltern, Großeltern, neue Pflegefamilie, etc. auf, die wiederholte Erfahrungen der Trennung von Bezugspersonen mit sich brachte.

8.1 Die Entwicklung der Bindungsfähigkeit

Der menschliche Säugling hat eine angeborene Bereitschaft und ein Bedürfnis nach stabilen, zuverlässigen und verfügbaren Bezugspersonen, zu denen er bereits im ersten Lebensjahr eine emotionale Beziehung und Bindung aufbauen kann. Dadurch kann dem Kind in Situationen von Gefahr, Belastung und Überforderung Sicherheit und Vertrauen gegeben werden. Dieses primäre Bedürfnis des Kindes entsteht nicht aus anderen Bedürfnissen wie Nahrungsaufnahme, Körperpflege oder sensorische Stimulation und ist daher auch nicht durch die Befriedigung dieser Bedürfnisse ersetzbar (Vgl. GUDAT 1999 a).

BOWLBY sieht in einer warmen, innigen und dauerhaften Beziehung zur Mutter oder einer anderen ständigen Bezugsperson eine wesentliche Voraussetzung für die psychische Gesundheit eines Kindes. Dadurch wird dem Kind ein Gefühl von Sicherheit vermittelt, darauf aufbauend ist es bereit, seine Umwelt zu erkunden. Ist das Kind nicht in der Lage, die Nähe zur Bindungsperson in altersgemäßer Form aufrechtzuerhalten, gerät es in einen Zustand von Furcht und Unbehagen und stellt seine aktive Auseinandersetzung mit der Umwelt ein. (BOWLBY 1972, zitiert nach GUDAT 1999 a)

GUDAT (1999 a) definiert Bindungsverhalten als ein „genetisch erworbenes Verhaltenssystem, das ganz bestimmten Reifungsschritten unterliegt, die in dem jeweils dafür vorgesehenen Zeitraum möglich sein müssen, damit das Kind nicht irreversible Beeinträchtigungen in seiner Entwicklung erleidet". Das eigentliche Bindungsverhalten entsteht im Zeitraum von ca. 6 bis 24 Monaten, in der das Kind durch aktive Verhaltensweisen, wie sich annähern, nachfolgen, anklammern, schreien, lächeln, etc. dazu beiträgt, dass die Nähe zu einer ganz bestimmten Bindungsfigur aufrechterhalten bleibt.

Mit zunehmendem Alter differenziert sich das Bindungsverhalten weiter aus. Das Kind lernt immer besser, Nähe und Distanz zu regulieren, eigene und auch Bedürfnisse der Bindungspersonen zu erkennen. Am Ende des dritten Lebensjahres entwickeln sich die Bindungsbeziehungen zu stabil anwesenden Bezugspersonen in Phasen hin zu einer „zielkorrigierten Partnerschaft", bei der das Kind zunehmend in der Lage ist, eigene Pläne und Ziele in die Beziehung einzubringen. Die Erfahrungen der Bindungsbeziehungen werden vom Kind internalisiert und bilden „innere Arbeitsmodelle", durch die wiederholte Beziehungserfahrungen gesammelt werden und sich zum Muster von Gefühlen und Einstellungen zu Beziehungen verdichten. In beängstigenden oder überfordernden Situationen steuern sie das Verhalten und die Beziehungsgestaltung des Kindes (Vgl. SCHEUERER-ENGLISCH 2002, S. 71 f.).

8.2 Verschiedene Bindungsmuster

Die zwischen Kind und Bezugsperson entstandene Bindungsqualität kann in verschiedene Bindungsmuster unterschieden werden. (SCHEUERER-ENGLISCH 2002, S. 72 f.)

Sicher gebundene Kinder
Im Rahmen sicherer Bindungsbeziehungen kann das Kind seine Bedürfnisse und Gefühle offen kommunizieren und bekommt Trost und Rückhalt. Ist es ausreichend sicher, kann es sich wieder der Erkundung von Neuem und seinen eigenen Entwicklungsbedürfnissen zuwenden.

Unsicher-vermeidend gebundene Kinder
Erlebt das Kind, dass mit seinen Signalen und Bedürfnissen weniger feinfühlig umgegangen wird und die offene Äußerung von unangenehmen Gefühlen oder von Nähebedürfnissen bei der Bindungsperson eher zu Ablehnung führt, entwickelt das Kind eine unsicher-vermeidende Strategie, bei der es nur indirekt Nähe sucht, direkten Gefühlsausdruck und direkte Nähewünsche vermeidet. Es erhält dadurch ausreichend Nähe zur Bezugsperson, um nicht in

seiner Organisation zusammenzubrechen. Ein Trost im Rahmen der Beziehung findet aber direkt nicht statt.

Unsicher-ambivalent gebundene Kinder
Kann das Kind nicht einschätzen, wann die Bezugsperson verfügbar und feinfühlig reagiert, entwickelt das Kind eine unsicher-ambivalente Strategie, bei der es in belastenden Situationen durch Weinen, Anklammern und Ärger agiert, die Bindungsperson in der Nähe behält und eine Trennung nicht zulässt.

Unsicher-desorganisierte Bindung
Wenn Kinder unerklärliche Bindungsstrategien zeigen, wenn sie sich in Stresssituationen besonders stereotyp verhalten, für kurze Zeit erstarren oder ihr Verhalten nicht einschätzbar ist, spricht man von desorganisiertem Bindungsverhalten. Kinder mit solchem Verhalten haben häufig traumatische Erfahrungen, insbesondere mit ihren Bezugspersonen, gemacht. Sie sind zutiefst einsam und besonders misstrauisch, was Beziehungsangebote anbelangt.

Im Rahmen der Bindungsforschung zeigt sich, dass zwischen Bezugspersonen und Kindern sichere und unsichere Bindungsqualitäten entstehen können, und die Erfahrungen im Rahmen der Bindungsbeziehungen die gesamte weitere sozio-emotionale Entwicklung des Kindes beeinflussen. Die folgende Tabelle zeigt Unterschiede von Kindern mit einem sicheren bzw. unsicheren Bindungsmodell in unterschiedlichen Entwicklungsbereichen.

Bereiche Bindungsmodell	Kommunikation von Gefühlen	Umgang mit emotionaler Belastung	Eigenständiger Beziehungsaufbau	Selbstkonzept / Selbstwertgefühl
Sicher	Direkte und offene Kommunikation; Zugang zu eigenen Gefühlen	Beziehungsorientiert; Hilfe kann zugelassen werden	Gelingend bei guter Integration; realist. soziale Wahrnehmung	Realistisches und positives Selbstbild
Unsicher-vermeidend	Wenig oder keine Kommunikation von Gefühlen; eingeschränkter Zugang zu sich selbst	Beziehungsvermeidende Grundhaltung bei Belastung; Selbstbezogenheit bei Problemen	Probleme beim Aufbau und der Gestaltung eigener Beziehungen, verzerrte Wahrnehmung	Rigides positiv idealisiertes oder negatives Selbstbild
Unsicher-ambivalent	Übersteigerter Gefühlsausdruck	Anklammernd und hilflos	Nicht gelingende Anpassung, misstrauisch	Negatives Selbstbild; Erwartung von Misserfolg
Desorganisierter Status bei traumatischen Erfahrungen mit Bindungspersonen	Mit Trauma verbundene Gefühle müssen in der Familieninteraktion verdeckt oder abgewehrt werden; Anspannung und Irritationen, in der Regel vermeidende Grundhaltung, dh, Gefühle werden nicht kommuniziert bzw nur verzerrt kommuniziert	Bindungsperson ist häufig Quelle von Furcht, soll aber Vertrauensperson sein; Annäherungs-/Vermeidungskonflikt; Rollenumkehr in der Beziehung zur Bindungsperson; zT extreme Selbstbezogenheit und Abgrenzung von möglicher Hilfe od Ambivalenz	Beziehungen sind misstrauischer Natur; vorsichtige oder kontrollierende Begegnungen; aggressive Impulse u. Wiederholen erfahrener Gewaltmuster, Probleme mit Gleichaltrigen Verhaltensauffälligkeiten; bizarres Verhalten	Negativ, gering; Kind fühlt sich abgelehnt und nicht liebenswert; nach außen eher idealisiertes Selbstkonzept, wahres Gefühl wird nicht zugelassen

Abb. 4: Bindungs- (Organisations)modelle und kindliche Entwicklungsbereiche (SCHEUERER-ENGLISCH 2002, S. 72 / S. 79)

8.3 Verlust einer Bindungsperson

Im Zusammenhang mit der Arbeit im Pflegekinderbereich geht es häufig um die schmerzvolle Situation, dass bestehende Bindungen unterbrochen bzw. beendet werden. Die Art und Weise, wie Kinder etwa ab 4 Jahren und Jugendliche auf den Verlust eines Elternteils reagieren, unterscheidet sich wenig von der Trauer Erwachsener. Man kann hierbei im Zeitraum von Wochen und Monaten vier Phasen unterscheiden (BOWLBY 1983, zitiert nach GUDAT 1999 a):

> Betäubungsphase:
> Die unmittelbare Reaktion auf die Nachricht vom Tod einer Verwandten liegt darin, dass der Betreffende üblicherweise nicht sofort die Realität akzeptieren kann. Es kann einige Zeit vergehen, bis der Trauernde von seinem Zweifel an der Realität der Nachricht abrückt und bereit ist, den schweren Verlust als real zu akzeptieren.
>
> Phase der Sehnsucht und Suche nach der verlorenen Figur: Zorn
> Die Anerkennung des Verlustes erfolgt zunächst nur schrittweise. Tiefer liegende Teile der Persönlichkeit halten noch lange Zeit an der Bindung zu der verlorenen Figur fest und scheinen den Verlust für reversibel zu halten. Häufig treten auch Phasen von Zorn und Wut auf, die sich auf Personen, die etwas mit dem Tod zu tun hatten, oder auch auf den Verstorbenen richten.
>
> Phase der Desorganisation und Verzweiflung:
> Erst jetzt tritt die eigentliche Phase des Trauerns, einer depressiven Niedergeschlagenheit und Hoffnungslosigkeit, ein, die Monate oder Jahre dauern kann. Der Trauernde ist zu dieser Zeit wenig bereit, für sich positive Perspektiven für die Zukunft zu entwickeln, diese Phase kann mehrere Jahre dauern.
>
> Phase der Reorganisation:
> In vielen Kulturen gibt es für die trauernde Person nach etwa einem Jahr Rituale, um die Rückkehr in das gesellschaftliche Leben zu erleichtern.

Selbst jüngere Kinder zeigen eine analoge Vorform der Trauer. Weil ihre Sprache noch nicht entsprechend entwickelt ist, scheinen sie zwar einen anderen Prozess zu durchlaufen, ihre gefühlsmäßige Situation ist jedoch ebenso schmerzlich und der Prozess ein sehr lange andauernder. Kinder werden noch viel stärker als Erwachsene von den Umständen vor, während und nach dem Verlust beeinflusst. Das Kind, das von seinen Eltern getrennt wird, kann nicht einfach alles vergessen und neu beginnen.

8.4 Folgerungen für Pflegeverhältnisse

Kinder, die in der frühen Kindheit fremd untergebracht wurden, hatten mit wenigen Ausnahmen bis dahin keine förderlichen Beziehungen mit der Möglichkeit zur Entwicklung einer sicheren Bindung erlebt. Für den Pflegekinderbereich ist es wichtig zu wissen, dass Bindung nicht einfach durch eine erwachsene Betreuungsperson „hergestellt" werden kann, sie entzieht sich der Planbarkeit. Der Erwachsene kann sich als Bindungsperson zur Verfügung stellen oder anbieten und damit Bedingungen schaffen, unter denen das Kind sich binden kann. Nachstehende Folgerungen lassen sich für die Arbeit im Pflegekinderbereich ableiten (Vgl. GUDAT 1999 a):

- Die Befriedigung des Bedürfnisses nach Bindung ist für das Kleinkind außerordentlich wichtig. Wenn die Eltern selber dies nicht gewährleisten können, sollte dies durch andere Personen gesichert sein.
- Verluste der Bindungspersonen sind zu vermeiden. Dies gilt sowohl bei in Pflegenahme als auch bei der Rückführung aus Pflegeverhältnissen. Die Überlegung, ob die Beziehung zu einer anderen Person für das Kind pädagogisch günstiger sein könnte, darf nicht zum Abbruch einer Bindung führen.
- Wenn der Verlust einer Bindungsperson unvermeidbar ist, z.B. weil eine Gefahr für das Kind in anderer Weise nicht abgewendet werden kann, sollten günstige Bedingungen für die Trauer und die Neuaufnahme von Bindungen geschaffen werden. Das heißt:
    a) eine von der ursprünglichen Person für das Kind klar unterschiedene Ersatzperson sollte zur Verfügung stehen
    b) das Kind sollte möglichst seine anderen Beziehungen beibehalten können
    c) der Gefühlsausdruck des Kindes soll gefördert werden. Es sollte ihm erlaubt werden, sich in wertschätzender Weise mit seiner Vergangenheit zu befassen
    d) es soll klare Informationen über sein weiteres Schicksal bekommen, wo diese - wie in vielen Pflegeverhältnissen - nicht vorliegen, sollte es aber über die Umstände, von denen sein weiteres Schicksal abhängt, informiert werden.

9. BESONDERHEITEN UND PROBLEME VON PFLEGE-FAMILIEN

9.1 Motivation der Pflegeeltern

Es gibt unterschiedliche Gründe, weshalb Pflegeeltern ein Pflegekind aufnehmen, ihre Motivation lässt sich meistens nicht auf einen einzigen Faktor reduzieren. Die Gründe und Motive beeinflussen jedoch die Art des Umgangs mit dem Pflegekind, bestimmen die Erwartungen, die sie an das Kind stellen und kennzeichnen die Lebensumstände, mit denen es in seiner neuen Familie konfrontiert wird. Nicht immer sind die Motive bewusst, häufig spielen auch unbewusste Bedürfnisse, Wünsche und Erwartungen eine Rolle.

Pflegekinder aufnehmende Familien sind auf den ersten Blick keine „Problemfamilien", der Wunsch nach einem fremden Kind unterscheidet sie jedoch von Normalfamilien. Nach BLANDOW (1972) zeichnen sich alle Pflegekinder aufnehmenden Familien durch eine „Deprivation" aus. Die Motivation einer Pflegemutter ist daher mit der affektiven Erwartung verbunden, „dass durch die Aufnahme eines Kindes die als Deprivation empfundene Diskrepanz zwischen dem Wunsch nach einem Kind und der tatsächlichen Kinderlosigkeit überwunden wird". (BLANDOW 1972, S. 57, zitiert nach KÖTTER 1994, S. 51) Auch wenn man sich diesem „Defizitmodell" nicht anschließt, kann man davon ausgehen, dass es bei dem Wunsch einer Kindesaufnahme zu einer Überlappung von sozialen Motiven und selbstbezogenen Erwartungen kommt. (Vgl. KÖTTER 1994, S. 52)

Die grundsätzliche Entscheidung, ein Kind aufzunehmen, kann in drei Motivationskonzepte unterschieden werden, wobei dieses Modell die weibliche Pflegeperson als Motivträgerin für die Pflegebeziehung annimmt und unterschiedliche Konzepte traditioneller weiblicher Sozialisation berücksichtigt. Aufgrund des Individualisierungs- und Pluralisierungsschubes in den letzten Jahrzehnten verliert dieses Modell an Bedeutung, verdeutlicht jedoch Tendenzen (BLANDOW / FRAUENKNECHT 1980, S. 102 f., zitiert nach PALTINAT / WARZECHA 1999, S. 11 f.)

- Das „Ersatz-Mutter-Konzept"
  Mit diesem Konzept werden Frauen beschrieben, „die mit sich und der Welt noch zufrieden sind, deren Sozialbeziehungen noch wenig zerstört und denen ihre – aus der Kindheit überlieferten Normen und Wertvorstellungen – noch selbstverständlich sind". Diese Frauen sind bereit, sich auf die Biografie des Pflegekindes einzulassen.

- Das „Helfer-Konzept"
  Dieses Konzept ist getragen von dem Anspruch, dass die sich als Helfer definierende Pflegeperson allzeit rational und planvoll handelt und dabei auch die eigenen Bedürfnisse affektiv annimmt. Die Bedürfnisse entstehen in der Beziehung und müssen nicht zwangsläufig durch eine kritische Distanz sich selbst gegenüber ausagiert werden.

- Das „Mutter-Konzept"
  In ihm versucht die weibliche Pflegeperson, „aus zerstörten Sozialbeziehungen und perspektivlosen Arbeitsverhältnissen in die Pseudogemeinschaft der Mutter-Kind-Beziehung" zu fliehen. Diese Frauen versuchen, aus dem exklusiven Verhältnis zum Kind eine Erhöhung ihres Selbstwertes zu erhalten.

Die Motivation, ein Pflegekind aufzunehmen, kann allgemein danach unterschieden werden, ob die Eltern irgendein Kind oder ein bestimmtes Kind aufnehmen wollen. In letzterem Fall bieten sich vor allem Verwandte an, welche aus Loyalität gegenüber den leiblichen Eltern / der Familie das Kind bei sich aufnehmen. Dabei muss bedacht werden, dass diese Loyalität nicht zwangsläufig zu Verhältnissen führt, die dem Kindeswohl dienen.

Die Motive für die Aufnahme von Pflegekindern in die eigene Familie können vielfältig sein (Vgl. KAISER 1990, S. 125 ff / KAISER 1995 a S. 67 f.):

- Die Unmöglichkeit, weitere eigene Kinder zu bekommen. Hierfür können verschiedene Ursachen wie Unfruchtbarkeit eines Partners, Operationen bzw. Erkrankungen verantwortlich sein. Hier besteht die Gefahr, dass das Pflegekind als lebendes Symbol dieser „Unfähigkeit" abgelehnt und damit in paradoxe Interaktionen verstrickt wird.
- Das Erlebnis mangelnder familialer Funktionstüchtigkeit der eigenen Herkunftsfamilien der Pflegeeltern führt zu dem Wunsch, eine eigene, möglichst heile Familie zu haben.
- Haben die Pflegeeltern selbst nahe Angehörige verloren, besteht die Gefahr, dass dem Pflegekind eine Lückenbüßerrolle zukommt. In solchen Fällen können für das Kind schwerwiegende Belastungen durch das Aufdrängen einer fremden Identität entstehen.
- Die Funktionstüchtigkeit der eigenen Paarbeziehung oder der Familie soll durch Aufnahme eines Pflegekindes verbessert werden. Dabei können Gefühle der Inhaltslosigkeit und der Wunsch nach Bereicherung des eigenen Lebens und der Paarbeziehung eine Rolle spielen. In solchen Fällen wird das Pflegekind leicht trianguliert und zum Partnerersatz eines Pflegeelternteils.

- Tradierte Modellvorstellungen von Familie (Großfamilie, Geschlechterkonstellation im Geschwister-Subsystem, Rollen- und Aufgabenverteilung) werden zumeist aus Loyalität zur Herkunftsfamilie zu realisieren versucht. Hier lässt das Familienmodell den Pflegeeltern oft nicht genügend Spielraum, den Eigenarten eines meist schwierigen Pflegekindes Rechnung zu tragen.
- Soziales Verantwortungsbewusstsein kann Verwandte, Bekannte oder fremde Familien veranlassen, sich um Kinder zu kümmern, die in Not geraten sind. Oft sind es neurotische Helfermotive, die vielfach nicht aufgearbeiteten eigenen Problemen entspringen und leicht zu einer Funktionalisierung des Pflegekindes führen.
- Das Pflegegeld bietet sich als Alternative zum Erwerbseinkommen an oder dient der Aufbesserung des Familieneinkommens, vor allem, wenn mehrere Kinder in Pflege genommen werden.

Resümierend zeigt sich, dass das Kind oft spezifische Wünsche der Pflegeeltern erfüllen bzw. mithelfen sollte, vorhandene Probleme zu lösen. Die Aufnahme eines Pflegekindes wäre dann als Versuch einer Problemlösung offener Themen von Seiten der Familie anzusehen, welche aber durch die Aufnahme eines Pflegekindes nicht lösbar sind.

9.2 Die Herkunftsfamilie

Das Wissen um die Situation der Herkunftsfamilie, um die Ursachen und den Anlass der FremdPlacierung ist für die Integration des Kindes in die Pflegefamilie von großer Bedeutung. Zudem eröffnet das Wissen um die soziale Situation der Herkunftsfamilie die Möglichkeit, dieser verständnisvoll zu begegnen. „Verstehen die Pflegeeltern FremdPlacierung als Ergebnis eines ungünstigen, häufig Generationen übergreifenden familialen Entwicklungsprozesses, kommen sie besser mit den Auswirkungen derartiger Sozialisations- und Lebensbedingungen auf die Kinder zurecht und können sich souveräner gegenüber den leiblichen Eltern verhalten“. (KAISER, 1995 a, S. 72)

Pflegekinder stammen aus Herkunftsfamilien, die oft seit Generationen in ihrer Funktionstüchtigkeit beeinträchtigt sind. Je niedriger der gesellschaftliche Status einer Familie ist, desto stärker wird ihr Aufgabenbewältigungspotential durch Krisen und strukturelles Ungleichgewicht bedroht. Durch Krisen der Eltern-Kind-Beziehung bzw. der kindlichen Entwicklung spitzt sich die Lage zu, so dass die Familie mit ihrem Kind nicht mehr zurechtkommt, und das Kind in Pflege geben muss. Die Situation der betroffenen Familie ist oft durch Armut, Arbeitslosigkeit, Krankheit und soziale

Isolierung gekennzeichnet. Dadurch wird die Bewältigung aktueller Probleme erschwert. Aufgrund der alltäglichen Überforderungssituation reagieren die leiblichen Eltern der Pflegekinder hilflos oder aggressiv, ein Auseinanderbrechen der Familie wird mittels dysfunktionaler Konfliktslösungsmechanismen forciert. (Vgl. KAISER 1990, S. 126; KÖTTER 1994, S. 40 ff)

Die Trennung von einem Kind bedeutet einen gravierenden Einschnitt in die Biografie einer Familie. Damit verbunden sind widersprüchliche Gefühle wie Schuld, Versagen, innere Zweifel, Ohnmacht, Resignation und Wut, insbesondere, wenn die Abgabe des Kindes unfreiwillig vonstatten ging. „Kommen Kinder in eine Pflegefamilie, so müssen abgebende Eltern ihre Kinder loslassen, bevor sie groß sind. Das ist ein beschämender, ein bitterer Schritt (...). Die Fortnahme der Kinder ist ein krasser gesellschaftlicher Abstieg. Oft bleibt kein Platz, Trauer zu empfinden. Sie müssen ihre eigenen Anteile herunterspielen oder leugnen" (WIEMANN 2002, S. 228). CIRILLO (1990, S. 14) findet „es nur natürlich, dass eine Familie, der man eines ihrer Mitglieder fortnehmen will, sich zu verteidigen sucht und sich nach außen hin in eine Festung verwandelt. Die Gefühle, mit denen eine solchermaßen verstümmelte Familie zu kämpfen hat, sind Anspannung, Schmerz, Feindseligkeit, Frustration, Zorn und das verzweifelte Gefühl versagt zu haben".

Weiters kann das Pflegesystem von Seiten der Herkunftsfamilie als verlängerter Arm des Jugendamtes angesehen. Die tragenden Personen des Pflegesystems können also im Gegensatz zum eigenen Familiensystem als die „strukturell Mächtigeren" empfunden werden. „Sie sind es in Bezug auf ihre soziale Schichtzugehörigkeit, ihren Bildungsstand, ihre relativ größere Nähe zum Jugendamt und (...) häufig auch hinsichtlich rechtlicher Möglichkeiten, ihre Interessen durchzusetzen. Ob es in einem Pflegeverhältnis zu einer tragfähigen Beziehung zwischen Herkunftseltern und Pflegeeltern kommt, hängt daher nicht unwesentlich davon ab, ob Pflegeeltern von ihren Machtmitteln Gebrauch machen oder nicht". (SCHUMANN 1999) Hinzu kommt, dass die Herkunfts- und Pflegefamilie einander nur in den seltensten Fällen sozioökonomisch und systemstrukturell ähnlich sind, so dass auf beiden Seiten Ängste bestehen, das Kind könne sich entfremden oder nicht genügend anpassen. „Die Herkunftsfamilie empfindet demnach die Pflegefamilie als die 'bessere Gegenfamilie', die die eigenen Unzulänglichkeiten umso mehr kontrastiert, je besser es dem Kind dort geht." (KAISER 1995 a, S. 73)

Durch die Inpflegenahme entstehen zwischen Pflegepersonen und Herkunftsfamilie Beziehungen, die ohne den gemeinsamen Bezugspol Pflegekind nie entstanden wären. Daraus resultiert die Notwendigkeit, gemeinsam die Verantwortung für das Kind zu tragen. „Das Kind hat daher einen Anspruch darauf, von seinen Herkunftseltern nicht willkürlich abgeschnitten zu werden, es hat ein Recht auf die Auseinandersetzung mit seiner Herkunft. Für Pflegeeltern und Herkunftseltern bedeutet die geteilte Elternschaft, dass sie auf einen exklusiven Anspruch verzichten müssen. Pflegeeltern dürfen nicht glauben, zu leiblichen Eltern werden zu können. Herkunftseltern müssen damit leben, dass es für ihr Kind noch andere Elternpersonen gibt". (SCHUMANN 1999)

Daher kann in Beziehungskonstellationen, in denen das Kind die Perspektive der Rückkehr in die Herkunftsfamilie hat, die Verantwortung beider Parteien darin gesehen werden, ein gemeinsames Elternsystem aufzubauen. „Vielmehr sollen die beiden Elternparteien ein erweitertes Elternsystem bilden und tragen dafür die Verantwortung, auf ihrer Ebene eine tragfähige Beziehung aufzubauen". (SCHUMANN 1999) In der Begegnung zwischen Herkunftsfamilie und Pflegefamilie können Widersprüche offen zutage treten, die daraus resultierenden Probleme müssen auf der Erwachsenenebene bleiben, sie sollen, sie dürfen nicht über das Kind ausgetragen werden.

9.3 Belastungen und Herausforderungen der Pflegefamilie

Aufgrund ihrer Besonderheiten stellen Pflegefamilien einen „problemanfälligen Familientyp dar". (KAISER 1995 a, S. 67) Äußerlich scheint sich die Pflegefamilie nicht von einer „Normalfamilie" zu unterscheiden. So ist die Pflegefamilie vollständig, besteht also in der Regel aus einem Elternpaar und einem oder mehreren Kindern und entspricht somit dem Idealbild der Familie. In einem wichtigen Aspekt unterscheidet sich die Pflegefamilie jedoch von der Normalfamilie: Sie ist eine zusammengesetzte Familie, die sowohl die Familiengeschichte der Ehepartner als auch die Lebensgeschichte des Pflegekindes integrieren muss. (Vgl. KÖTTER 1994, S. 39)

Der Eintritt des Kindes in das Pflegefamiliensystem kann als Auslöser einer Krise gesehen werden und stellt daher hohe Anforderungen an das pflegeelterliche Bewältigungspotential. Die Bewältigung der entstandenen krisenhaften Situation und die Herstellung eines neuen familialen Gleichgewichts innerhalb der Pflegefamilie liegen an den Pflegeeltern. Da es sich bei der Veränderung der Außengrenzen und der damit zusammenhängenden strukturellen Unklarheiten innerhalb der Pflegefamilie um komplexe und langfristig angelegte Belastungen handelt, spielen Funktionalität und Belastbarkeit der ehelich-pflegeelterlichen Dyade für ihre Bewältigung eine große Rolle. (Vgl. KÖTTER 1994, S. 54 / S. 64)

An Pflegeeltern werden allgemein große Anforderungen gestellt. Sie haben zwar die faktische Elternschaft gegenüber den Pflegekindern, jedoch keine elterlichen Rechte, die zumeist bei den außerhalb lebenden Eltern verbleiben. Dadurch können Rollen-, Loyalitäts- und Ambivalenzkonflikte gefördert werden. (Vgl. KAISER 1995 a, S. 71) Ebenso müssen sie sich mit den eigenen Gefühlen auseinandersetzen und leben in einer latenten Unsicherheit, was die Beziehungsgestaltung zu ihrem Pflegekind anbelangt. „Auf Seiten der Pflegeeltern beginnt die große emotionale Betroffenheit meistens erst eine gewisse Zeit nach Beginn des Pflegeverhältnisses, wenn sie spüren, wie lieb ihnen das Kind geworden ist, wie sehr sie an ihm hängen. Pflegeeltern befinden sich hier in einem großen strukturellen Dilemma: sie sollen für das Kind zu engen Bezugspersonen werden, dabei aber nicht die Tatsache aus den Augen verlieren, dass es leibliche Eltern hat, zu denen es eventuell auch zurückkehren kann." (SCHUMANN 1999)

Aufgrund der enormen Anforderungen sind Pflegeeltern auf die Unterstützung durch ein breites soziales Umfeld angewiesen, auf Anerkennung durch Nachbarn, Freunde, Verwandte und deren Bereitschaft, im Notfall ein Stück der Belastungen mitzutragen. Häufig widerspiegelt die Alltagserfahrung eine andere Realität, und die Reaktion der Umgebung wird von den Pflegeeltern eher negativ wahrgenommen. „Sie fühlen sich in ihren Erwartungen enttäuscht, in ihren Motiven missverstanden, isoliert und allein gelassen. Die mangelnde Unterstützung und fehlende gesellschaftliche Anerkennung lösen bei den Pflegeeltern eine kämpferische Haltung, ein Gefühl der ständigen Wachsamkeit gegenüber Anforderungen und Diskriminierung, eines Rechtfertigungs- und Erfolgszwanges aus. Unter diesen Bedingungen ist es verständlich, dass die Möglichkeiten, Konflikte und Schwierigkeiten mit Pflegekindern zu ertragen, stark reduziert sind". (SCHUMANN 1999)

Da sich Pflegefamilien in wesentlichen Punkten von anderen Familienformen unterscheiden, benötigen sie spezifische Strukturen und Organisationsformen. Als Besonderheiten von Pflegefamilien erwähnt KAISER (1995 a, S. 77):

- Der Wunsch. ein Pflegekind anzunehmen, kommt anders zustande als der Wunsch nach eigenen Kindern.
- Ein Pflegekind kommt anders in die Pflegefamilie als ein leibliches Kind.
- Ein Pflegekind hat einen biografischen Hintergrund und Status sowie andere Beziehungen in der Pflegefamilie als ein leibliches Kind
- Pflegefamilien haben einen anderen Rechtsstatus und andere Systemkontexte als andere Familien.

Die Herausforderungen an die Pflegefamilien sind ständig größer geworden, was sich auch in den Kriterien für ein erfolgreiches Handeln von Pflegepersonen widerspiegelt (BLANDOW 1999, S. 765 f):

- Die Pflegepersonen müssen sich sorgend des Kindes annehmen und es wertschätzen (es aber nicht dringend „wie ein eigenes Kind lieben"). (Kriterium: Wertschätzung des Kindes)
- Sie müssen in der Lage sein, sich auch in „unverständliche" Verhaltensweisen und Reaktionen ihres Pflegekindes „einzudenken". (Kriterium: Empathie)
- Sie müssen Personen, denen sich das Kind aus früheren Phasen seiner Sozialisation verbunden fühlt, als für das Kind bedeutsame anerkennen und jenen aus diesem Grunde mit Respekt begegnen. (Kriterium: Respekt gegenüber bedeutsamen Bezugspersonen des Kindes)
- Sie müssen in der Lage sein, sich anbahnende Krisen zu erkennen sowie die zur Problemlösung erforderlichen und zur Verfügung stehenden innerfamiliären Ressourcen ebenso wie die Ressourcen sozialer Netze zu mobilisieren. Sie müssen ferner bereit sein, in Fällen, in denen Probleme nicht durch eigene Mittel lösbar sind, Unterstützung bei den zuständigen Stellen anzufordern und zu diesem Zweck das Problem „veröffentlichen". (Kriterium: Krisenwahrnehmung und Veröffentlichungsbereitschaft)
- Da Pflegepersonen nur eingeschränkte Rechte gegenüber dem Pflegekind haben und dies im Regelfall mit Angehörigen bzw. Vormündern des Kindes teilen müssen, müssen sie zu dieser Teilung bereit sein. Insbesondere, wenn das Kind weiterhin an seine früheren Bezugspersonen gebunden ist oder diese gegenüber den Kindern das Recht zu persönlichem Kontakt haben, müssen sie darüber hinaus bereit sein, Besuchskontakte und Ähnliches so zu arrangieren, dass dem Kind hieraus zumindest kein Schaden entsteht. (Kriterium: Teilungs- und Zusammenarbeitsbereitschaft)
- Sie müssen, nach einer Phase der Auseinandersetzung, Enttäuschung und Trauer, akzeptieren können, wenn ein Pflegeverhältnis gescheitert ist, d.h., es keinen Weg mehr gibt, das Pflegeverhältnis ohne (weitere) Schädigung des Kindes aufrechtzuerhalten. Sie sollten ferner bereit sein, sich an der Suche nach einer „am wenigsten schädlichen Alternative" für eine Nachfolgelösung zu beteiligen (Kriterium: Ablösebereitschaft).

Aus dieser Auflistung wird deutlich, dass die Pflegefamilien besondere Ressourcen und Unterstützung benötigen, um den sich ihnen stellenden Herausforderungen gerecht werden zu können.

9.4 Beendigung von Pflegeverhältnissen

Ob ein Pflegeverhältnis beendet wird, hängt zumeist von einer Vielzahl sich gegenseitig beeinflussender Faktoren ab, so dass eindimensionale Verursachungskonzepte der

Komplexität dieser Thematik sicher nicht gerecht werden. Die Gründe für die Beendigung von Pflegeverhältnissen können laut JORDAN (1996, S. 76) folgende sein:

- Beendigung durch Statuswechsel (Pflegekind erlangt Volljährigkeit, Adoption durch Pflegepersonen)
- Beendigung durch Auflösung (Rückführung in die Herkunftsfamilie, Adoption durch andere Personen, Krankheit bzw. Tod eines oder beider Pflegepersonen, Verselbstständigung des Pflegekindes (des Jugendlichen) vor Eíntritt der Volljährigkeit).
- Vorzeitige / ungeplante Beendigung (Abbruch) - (durch Pflegefamilie) aufgrund spezifischer Verhaltensweisen des Kindes, aufgrund von Interventionen der Herkunftsfamilie, durch Spätabbrüche (z.B. in der Pubertätsphase), durch Mängel in der Vermittlungspraxis.

Pflegeverhältnisse, die durch Statuswechsel beendet werden, können im Regelfall als gelungene bzw. erfolgreiche Pflegeverhältnisse bezeichnet werden. Dies bedeutet, dass die zugrunde gelegten formalen Kriterien mit einer gewissen Berechtigung auch als Indikatoren für gelungene Beziehungen und Bindungen gedeutet werden können. (Vgl. JORDAN 1996, S. 76) Bei der Beendigung durch Auflösung sollten besonders im geplanten Rückführungsfall zur Herkunftsfamilie mehrere Bedingungen erfüllt sein. Zwischen Eltern, Pflegeeltern und Pflegekinderdienst sollte eine klare Vereinbarung bezüglich des anvisierten Zeitraums getroffen werden. Je jünger das Kind, desto kürzer muss die Unterbringung in der Pflegefamilie sein, damit dem Kind seine Eltern nicht fremd werden. „Werden die Jahre der Trennung nicht durch dichte Besuche zur Herkunftsfamilie überbrückt, so werden für das Kind die eigenen Eltern fremde Menschen. Das Kind wird durch den Beziehungsverlust und durch den totalen Bruch mit seinem bisherigen Leben sehr stark geprägt." (WIEMANN 2002, S. 108)

Wird ein Pflegeverhältnis beendet, weil Pflegepersonen schwer erkranken bzw. sterben, so wird dies als Krise bewertet werden müssen. Die Trennung und der damit verbundene Neuanfang können hier leichter gelingen, weil die zurückliegende Zeit durchaus als eine positive, stabilisierende und aufbauende erlebt worden sein kann. Das Zurückliegende muss nicht neu gedeutet und verarbeitet werden. Auch kann es vorkommen, dass eine Pflegefamilie ein Kind in jüngeren Jahren mit seinem Nachholbedarf an Verlässlichkeit, Bindung und Beziehung befriedigt, es diesem jedoch im Jugendalter zu eng wird und danach trachtet, eine alternative Wohnform bis zur Erlangung der Volljährigkeit zu suchen. JORDAN (1996, S. 77) betont „bei Beendigung von Pflegeverhältnissen durch Auflösung bedarf es eines genauen und differenzierten Blicks, um bewerten zu können, ob insgesamt die Zeit bis zur Trennung für die Entwicklung des Kindes oder Jugendlichen förderlich war".

Bei vorzeitigen, ungeplanten Beendigungen von Pflegeverhältnissen (Abbrüchen) wird der Blick auf nicht erfolgreiche Pflegeverhältnisse gelenkt. Die Bestimmung der Gründe hierfür gestaltet sich sehr schwierig. Ein Kriterium, welches hier helfen kann, ist möglicherweise die Dauer des Pflegeverhältnisses bis zum Abbruch. Bei Abbrüchen im ersten Jahr kann davon ausgegangen werden, dass die Integration des Pflegekindes in die Pflegefamilie nicht gelungen ist. Dies kann bedingt sein durch Vermittlungsfehler, Verhaltensweisen des Kindes oder begrenzte Problemverarbeitungsfähigkeit der Pflegefamilie. Anders zu bewerten sind Abbrüche im Pflegeverhältnissen, die lange bestanden haben, dann aber in der Phase der Pubertät abgebrochen werden. Zu diesem Zeitpunkt sind generell krisenhafte Auseinandersetzungen von heranwachsenden Jugendlichen mit ihren Eltern vorhanden, so dass diese es nicht mehr miteinander ertragen können. (Vgl. JORDAN 1996, S. 77 f.)

Es werden häufig so genannte „Risikofaktoren" benannt, die die Wahrscheinlichkeit eines Abbruchs eines Pflegeverhältnisses begünstigen. Diese lassen sich im Wesentlichen folgenden fünf Dimensionen zuordnen (JORDAN 1996, S. 79):

- Faktoren aus der Lebensgeschichte des Kindes (Alter des Kindes zum Zeitpunkt der Vermittlung, Anzahl der vorhergehenden Heimaufenthalte, häufiger Pflegeplatzwechsel, Beziehung zu früheren Bezugspersonen...).
- Verhaltensbesonderheiten des Kindes (auffällige Aggressionen, häufiges Weglaufen, ausgeprägte Schlafstörungen, Ängstlichkeit, Stehlen, Kontaktstörungen, andere Deprivationssyndrome.....).
- Familienstruktur und Persönlichkeit der Pflegeeltern (Vorhandensein eigener Kinder, rigider und unflexibler Erziehungsstil, Abgabedrohung bei Krisen, hohe Leistungsanforderungen, Weigerung der Pflegeeltern, Kontakt zur Herkunftsfamilie zu halten, Instabilität der Pflegefamilie....).
- Bedingungen seitens der Herkunftsfamilie (Konkurrenz zur Pflegefamilie auf der Elternebene, unkontrollierte Interventionen, Aktualisierung der Rückkehroption...).
- Bedingungen seitens des Jugendamtes (unqualifizierte Vermittlungspraxis, fehlende Vorbetreuung und Beratung der Pflegeeltern, zu schnelle Vermittlung, Vernachlässigung der Möglichkeiten zur Stützung der Herkunftsfamilie...).

Es kann resümierend festgehalten werden, dass der Abbruch bzw. die Beendigung „eines Pflegeverhältnisses immer Ergebnis eines komplexen Zusammenspiels von wechselseitigen Bedürfnissen, Erwartungen und Werthaltungen, von Kompetenzen und Lernfähigkeit, von familiendynamischen Prozessen und (schließlich auch) der Kompetenz der sozialen Dienste (ist), solchen Dimensionen und Aspekten bei der

Auswahl von Pflegeeltern und dem Zusammenführen („Matching“) von Pflegekindern und Pflegepersonen die genügende Aufmerksamkeit zu widmen und zum Inhalt von Beratungsgesprächen zu machen“. (BLANDOW 1999, S. 767)

10. SYSTEMISCHE PERSPEKTIVEN IM PFLEGEKINDERWESEN

Familien bzw. Pflegefamilien sind Systeme, die nach komplexen Regeln organisiert sind und mit zahlreichen anderen ökosozialen Systemen interagieren. (Vgl. GUDAT 1999 b, KAISER 1990/1995 a /1995 b, LUDEWIG 1993, MINUCHIN 1987, von SCHLIPPE 1995) Die beteiligten Systeme haben jeweils spezifische Ziele, die sich oft gegensätzlich darstellen. Daraus resultiert die Notwendigkeit einer geordneten Kooperation aller Beteiligten, so dass eine wachstumsfördernde Entwicklung des Pflegekindes ermöglicht wird. Das systemische Konzept tritt nicht pathologisierend auf, so dass nicht die Suche nach Ursachen und Schuld im Mittelpunkt des Interesses steht, sondern vielmehr das Finden von Ressourcen angestrebt wird, um auftretende Anforderungen adäquat bewältigen zu können.

Wenn ein Pflegekind in die Familie kommt, sind Veränderungen unumgänglich (KAISER 1990, S. 127):

- Das System erhält ein neues Mitglied mit Sonderstatus.
- Das System erhält ein verändertes Subsystem (Geschwisterkonstellation).
- Zwei fremde Familiensysteme (Herkunfts- und Pflegefamilie) treffen aufeinander, was Abgrenzungs-, Regel-, Loyalitätsprobleme u.a. bedingt.
- Die Pflegefamilie tritt in komplexe Interaktion mit Institutionen (Jugendamt, Sonderschule, etc.) ein.

10.1 Der systemorientierte Ansatz

Die systemische Betrachtungsweise basiert auf der Systemtheorie, die in verschiedenen Wissenschaftsdisziplinen entwickelt wurde. Systemische Theorien betrachten die Beziehung zwischen den Objekten in ihrer Abhängigkeit und Aufeinanderbezogenheit und entwickeln dadurch eine neue Betrachtung von Phänomenen.

Die Familie kann als ein offenes System von Familienmitgliedern verstanden werden, welche nach bestimmten Regeln miteinander interagieren. Innerhalb dieses Familiensystems können verschiedene Untergruppen = Subsysteme unterschieden werden (z.B. die Eltern, die Kinder...).

Das Familiensystem wird als Einheit verstanden, welches aus einzelnen Familienmitgliedern besteht, jedoch nicht als Summe seiner Elemente verstanden wird. Vielmehr entsteht durch ihre Beziehung und die daraus resultierende Wechselwirkung etwas Neues. Die Familie ist somit mehr als die Summe ihrer Familienmitglieder.

Ein wichtiges Element im sozialen System ist die Kommunikation. Kennzeichnend für menschliche Systeme ist ihre Dynamik und ihr ständiger Prozess der

Weiterentwicklung. Für die Aufrechterhaltung des sozialen Systems ist ein beständiges, kommunikatives Handeln vonnöten.
Von Bedeutung sind die Grenzen nach außen und jene innerhalb eines Familiensystems. Klare Grenzen, die weder zu starr noch zu diffus sind, erleichtern die Kommunikation nach außen, was von Bedeutung ist, da ein Familiensystem in verschiedene übergeordnete Systeme (z.B. Nachbarschaft, Verwandte, Vereine ...) eingebettet ist. Sind die Grenzen einer Familie zu starr, so werden sie dysfunktional und behindern die Beziehungen und den Austausch mit anderen Systemen.

Es können einige Grundsätze der systemischen Sichtweise bezüglich sozialer Beziehungen hervorgehoben werden (GRIEBEL / RISTOW 2005, S. 2 f.):

> Es werden jeweils Ganzheiten (Systeme) betrachtet und nicht Individuen als isolierte Einzelwesen. Das System wird in Hinsicht auf seine Funktion untersucht. Es wird gefragt, welche Regeln innerhalb des Systems gelten, welche Aufgaben und Rollen die einzelnen Mitglieder des Systems ausführen.
>
> Das linear-kausale Denken von Ursache und Wirkung findet im systemischen Denken keine Anwendung. Es gibt nicht die eine bestimmte Ursache. (...) Dementsprechend kennt das systemische Denken den Begriff der Schuld oder des Schuldigen nicht.
>
> Die systemorientierte Sichtweise der Familie berücksichtigt - auch bei Familienstrukturen, die von der Kernfamilie als Norm abweichen (Scheidungsfamilie, Stieffamilie u.a.m.) - nicht nur die komplexere Familienstruktur, sondern ist auch auf eine „gesunde" Entwicklung des Familiensystems ausgerichtet, anstelle eines „Defizitmodells", das nur Nachteile im Vergleich zur Kernfamilie aufzeigt.
>
> Die Mitglieder von Systemen sind eng miteinander verknüpft. Wenn ein Mitglied sein Verhalten ändert, bringt dies eine Veränderung des gesamten Systems mit sich. Veranschaulichen lässt sich das mit einem Mobile: Wird ein Element des Mobiles angestoßen, geraten auch die anderen Elemente in Bewegung, bis ein neues Gleichgewicht hergestellt ist.
>
> Es ist nicht zulässig, lediglich aufgrund von Aussagen nur eines Informanten eine Einschätzung über das ganze Familiensystem zu treffen. Zumindest muss „zirkulär" gefragt werden: Was würde die andere / der andere zur selben Frage sagen? Was würde das Kind auf diese Frage antworten? Nur mit entsprechenden Verfahren

kann in einem Familiensystem daran gegangen werden, eine „gemeinsame Definition von Wirklichkeit" herzustellen.

10.2 Familienstruktur von Pflegeverhältnissen

Mit der Unterbringung eines Kindes in eine Pflegefamilie ist es Mitglied zweier familialer Systeme geworden, nämlich des der Herkunftsfamilie und des der Pflegefamilie. Mittels des systemischen Ansatzes kann die Fragestellung des Entweder-oder einer Pflegefamilie als Ersatz- oder als Ergänzungsfamilie überwunden werden. Unbestritten ist die wechselseitige Beeinflussung des Systems Pflegefamilie und des Systems Herkunftsfamilie.

Für das soziale System der Pflegefamilie kann festgehalten werden (GRIEBEL / RISTOW 2005, S. 3):

- Das Kind soll nicht für sich betrachtet werden, sondern im Kontext seiner Beziehungen (so genannte „Herkunftsfamilie", bisheriges soziales Umfeld).
- Auch in der Pflegefamilie sind alle Haushaltsmitglieder und das soziale Umfeld in Betracht zu ziehen.
- Es gibt keinen Schuldigen für die Fremdunterbringung, weder das Kind, noch die Herkunftsfamilie.
- Die Pflegefamilie ist ihrerseits Bestandteil eines größeren Systems (Vernetzung von Hilfen, Kooperation mit Jugendämtern, Beratungsstellen, Schulen).

Aufgrund des komplexen Systemkontextes und dessen Dynamik stehen Pflegefamilien unter Belastung und geraten rasch in eine Krise. Das Pflegefamiliensystem ist ein offenes System mit durchlässigen Grenzen nach außen, da einerseits Herkunftsfamilie und Pflegefamilie sich wechselseitig beeinflussen und andererseits verschiedene Institutionen (z.B. Jugendamt, Schule ...) in die Familie hineinwirken. Es können zudem Probleme auftreten, welche systemstrukturellen Ursprungs sind (Vgl. KAISER 1990, S. 134 f.):

- Aus einem kinderlosen Paar werden Pflegeeltern, die Dyade wird Teil einer Pflegefamilie und zum Subsystem. Sie büßt an Autonomie ein, muss ihren Lebensrhythmus umstellen.
- Eine Elternfamilie wird mit dem Pflegekind quasi zur Stieffamilie; die Geschwisterreihe verändert sich, unterschiedliche Traditionen, Regeln, Gewohnheiten prallen aufeinander; es gibt nun Kinder verschiedenen Typs usw.
- Mit dem Pflegekind erhalten die Familien nicht nur ein neues Subsystem, sondern werden in Interaktionskontexte mit fremden Meso-Systemen

gezwungen; viele sind sich der ihnen vom Jugendamt zugedachten Aufgaben kaum bewusst.

- Die leiblichen Eltern bleiben die Eltern ihrer Kinder, auch wenn sie eine Reihe von Einflussmöglichkeiten an das Jugendamt bzw. die Pflegefamilie abtreten. Konkurrieren leibliche und Pflegeeltern, kommt das Kind leicht in Loyalitätskonflikte. Die Pflegeeltern werden in ihrer Rollenauffassung als „bessere Ersatzeltern" verunsichert.
- Pflegefamilien sind, vor allem bei mehreren Pflegekindern verschiedener Herkunft, oft ohne klare Grenzen nach außen (...). Die Zugehörigkeit von Pflegekindern zur Pflegefamilie ist nicht definiert, da unter den Familienmitgliedern nicht unbedingt klar ist, ob und wie weit die Pflegekinder zur Familie gehören. Die Zugehörigkeit von Pflegekindern zur Pflegefamilie ist weder biologisch noch rechtlich noch zeitlich und räumlich eindeutig festgelegt.
- Die Mitglieder von Pflegefamilien haben keine gemeinsame Geschichte, oft kann sich diese auch nicht entwickeln, da Pflegschaften zeitlich begrenzt sind. Die Familienkohäsion wird dadurch vermindert.

Es zeigt sich, dass Pflegefamilien mit Personen zu tun haben, die ihrerseits anderen Systemen und Systemebenen angehören. Hierbei können Blockaden oder kontraproduktives Agieren von Seiten aller Beteiligten auftreten. Dies erschwert es aufgrund der Komplexität, zufrieden stellende Lösungen für alle Beteiligten zu finden. Es bedarf einer sorgsamen Analyse, um den Betroffenen in solchen Situationen adäquate Begleitung und Beratung angedeihen zu lassen.

10.3 Systemische Aspekte in der Beratung

Beratung von Pflegefamilien sollte darauf abzielen, ihnen zu helfen, mit sich selbst, mit dem Pflegekind und dessen Systemkontext unter Berücksichtigung der Besonderheiten ihres Familientyps und ihrer Systeminteraktionen in bestmöglicher Weise umzugehen. KAISER 1995 b versucht, mittels Mehrebenenperspektive die Interaktion der verschiedenen Systeme zu berücksichtigen und den komplexen Kontext transparent zu machen, in dem die meisten Pflegeverhältnisse eingebettet sind. Die beteiligten Systeme verfolgen unterschiedliche Ziele, die sich voneinander sehr unterscheiden. Es geht darum, unklare Regeln und Rollenzuständigkeiten, mangelnde Kompetenz der Subsysteme und andere Auslöser der Verwirrung aufzuspüren und behutsam zu deren Überwindung beizutragen. (Vgl. KAISER 1995 b, S. 218)

Um Zusammenhänge und resultierende Veränderungen in Pflegefamilien besser ordnen zu können, unterscheidet KAISER (1995 b, S. 221 f.) drei Analyse-Ebenen:

1. Der Mikro-Ebene werden diejenigen Situationsbeteiligten und –aspekte, Verhaltensweisen und Ereignisse zugerechnet, mit denen sich Personen und Klein-Systeme wie Familien in ihrem unmittelbaren Lebenszusammenhängen auseinandersetzen.
2. Zur Meso-Ebene gehören institutionalisierte lokale oder regionale Systeme und deren Mitglieder, Umstände, Ereignisse usw., die mit solchen der Mikro- wie der Makro-Ebene interagieren und vom Individuum in der Regel nicht direkt beeinflussbar sind, die aber ihrerseits das Alltagsleben beeinflussen (wie Behörden, Betriebe oder Gemeinden).
3. Zur Makro-Ebene zählen Systeme, Umstände, Ereignisse usw., die Rahmenbedingungen für die Mikro- und Meso-Ebene abgeben und mit diesen interagieren – wie der Staat und die Gesellschaft, die Rechtsordnung, das globale Ökosystem oder Großorganisationen.

Bei der Analyse systemischer Interaktion sind die beiden Faktoren Struktur und Organisation von Systemen von besonderem Interesse. Die Struktur umfasst sowohl die Mitglieder und Subsysteme, deren Werteordnung, Entscheidungs- und Steuerungsstruktur, als auch die Rollen, Ressorts und Aufgaben. Die Organisation beinhaltet die Funktion der einzelnen Mitglieder und die Beziehung der Mitglieder und Subsysteme zueinander.

Die Vielschichtigkeit des Systemkontextes von Pflegefamilien bedarf einer geordneten Kooperation und einer unparteiischen Koordination. Es erweist sich in vielen Pflegefällen als günstig, wenn die Rolle eines Systemkoordinators installiert wird, welcher am ehesten das Mehrebenen-Netzwerk überblickt und durchschaut sowie die inter- und intrasystemischen Strukturprobleme versteht. Um diese Aufgabe erfüllen zu können, benötigt der Berater systemtherapeutische Fachkompetenz und hohe Flexibilität. MINUCHIN / COLAPINTO / MINUCHIN (2000, S. 95 f.) erwähnen fundamentale Techniken, welche für die effiziente Arbeit mit Multiproblemfamilien von Bedeutung sind:

- Die Bemühungen, den Familien bei Veränderungen zu helfen, sollten zuerst in der Exploration dessen bestehen, wie die Familie ihre Probleme definiert, und in der Hinterfragung dessen, was die Familie bis dahin als selbstverständlich betrachtet hat. Zu den Techniken zählen folgende Aspekte: zuhören, beobachten, eine Landkarte der Familienstruktur erstellen, Umdeutungen von Familienregeln vornehmen und den Familien helfen, durch spontane und geleitete Inszenierungen die Momente der Übereinstimmung und der Unstimmigkeit zu erforschen.

- Die professionellen Helfer sind die Katalysatoren der Veränderung. Sie unterstützen die Familie darin, dysfunktionale Muster zu erkennen und die Möglichkeit zu explorieren, auf eine andere Weise miteinander umzugehen. Die Familienmitglieder werden dazu ermutigt, miteinander in Beziehung zu treten, wenn sie sich voneinander entfremdet haben, um konstruktive Ansätze der Konfliktlösung auszuprobieren.
- Den Familien werden ihre Stärken bewusst gemacht, gleichzeitig müssen sie lernen, mit Familienkonflikten umzugehen. Werden Konflikte nicht gelöst, können die Familienmitglieder dadurch voneinander entfremdet werden, oder es kann zu Gewaltausbrüchen kommen.
- Interventionen sind am effektivsten, wenn die professionellen Helfer mit ihrem Expertenwissen zurückhaltend sein können und ihr Geschick dafür einsetzen, die Familienmitglieder zu motivieren, sich gegenseitig als Ressourcen zu betrachten und Hilfe aus dem eigenen Familiennetzwerk zu mobilisieren.
- Die erweiterte Familie sollte als ihre eigene primäre Ressource betrachtet werden. Das Hinzuziehen zusätzlicher professioneller Dienstleistungen sollte mit Bedacht in Erwägung gezogen werden.

11. PROFESSIONALISIERUNG

11.1 Professionalisierung im sozialen Bereich

Die Diskussion bezüglich Professionalisierung im Sozialbereich gestaltet sich schwierig, da ein eindeutiges Tätigkeitsprofil nicht vorhanden ist. Die Sozialarbeit ist für alle möglichen Probleme zuständig, welche ihr erschweren, verbindliche Kernfunktionen und abgegrenzte Aufgabenfelder zu benennen, die für eine spezifische, berufliche Kompetenz stehen. Weiters ist das Handeln in der Sozialarbeit zwei entgegen gesetzten Bereichen gleichzeitig verpflichtet, den pädagogisch-sozialtherapeutischen Maßnahmen auf der einen Seite und den rechtlich-organisatorischen Bedingungen auf der anderen. Dieses doppelte Mandat steht einer Autonomisierung der professionellen Berufsausübung systematisch entgegen. Ebenso geht es in der Regel um die Bewältigung des alltäglichen Lebens, und es ist von daher schwer begreiflich zu machen, dass es hierzu besonderer Fähigkeiten bzw. besondere Experten bedarf. (Vgl. GILDEMEISTER, 1996, S. 443 ff)

Die Debatte wird zusätzlich dadurch kompliziert, dass im alltäglichen Sprachgebrauch unter Beruf und Profession dasselbe verstanden wird. In der Fachliteratur wird aber klar differenziert: „Der Begriff Beruf beschreibt eine aus dem übrigen Lebenszusammenhang ausgegrenzte Arbeitstätigkeit, die gegen Bezahlung erfolgt. Der Begriff Profession definiert einen Beruf, der nicht von Laien ausgeführt werden kann, sondern auf einer Spezialausbildung basiert und in einem monopolisierten Tätigkeitsfeld ausgeführt wird“. (LAUERMANN 1998, S. 76)

Berufliche Professionalisierung kann auch immer in engem Zusammenhang mit Ausbildung gesehen werden. Im Zusammenhang mit einer fachwissenschaftlichen Ausbildung bedeutet der Begriff Professionalisierung, jemanden zum Beruf optimal zu befähigen. Der Grad der Professionalisierung ist durch die Qualität der Ausbildung so zu steigern, dass der Verdacht, der Beruf könne auch von einem Laien ausgeübt werden, erst gar nicht aufkommen kann. (Vgl. SCHAUB / ZENKE 2002, S. 440)

In Bezug auf die Sozialpädagogik heißt das: man kann deren Geschichte auch unter den Titel „Von der Liebestätigkeit über die Verberuflichung zur Professionalisierung“ stellen (LAUERMANN 1998, S. 76). Die professionelle pädagogische Arbeit kann charakterisiert werden als zielgerichtet, konstruktiv und experimentierend, systematisch reflektierend und selbstkritisch, autonom und selbst bestimmt sowie kommunikativ und kooperativ. Als Unterschied zum beruflichen Handeln tritt bei professionellem Handeln zur Aktion immer die Reflexion hinzu, ebenso wird weitgehend autonom gehandelt.

Zudem ist bedeutsam, dass professionelles Handeln in einem dynamischen horizontalen Netzwerk geschieht, während sich Berufstätigkeit in der Regel in einem statischen, vertikalen Netzwerk abspielt. (Vgl. LAUERMANN 1998, S. 80 f.)

Um in dieser Form professionell tätig sein zu können, bedarf es spezifischer Fertigkeiten, Kompetenzen und Rahmenbedingungen. „In der sozialen Arbeit hängt die Qualität der Arbeit immer auch entscheidend von der Fachkompetenz der Mitarbeiterinnen ab, Automatisierung und technischer Fortschritt führt hier nicht zu einem Qualitätsgewinn. Organisationsstrukturen können die Arbeit fördern und – im ungünstigsten Fall – hemmen, Qualitätsmängel der Mitarbeiter(innen) können sie sicher nicht kompensieren". (WOLF 1998, S. 32)

Das System der professionellen familiären Fremderziehung unterscheidet sich vom „normalen erzieherischen Alltag" darin, dass den leiblichen Eltern bei der Pflege und Erziehung ihrer Kinder von Seiten der Gesellschaft ein relativ weiter Spielraum zugestanden wird. Es werden Rahmenbedingungen definiert, die Eltern nicht über- bzw. unterschreiten dürfen. Sollte dies der Fall sein, hat die Gesellschaft über ihre politischen Repräsentanten das Recht und die Pflicht, zum Wohl des Kindes einzugreifen. Die Palette der Interventionen reicht von Beratung und Unterstützung bis zur Übernahme der Obsorge durch dafür vorgesehene Behörden. In einem solchen Fall muss die Pflege und Erziehung der Kinder gewährleistet sein; sie geraten aus dem Bereich der privaten Erziehung in den Bereich der öffentlichen Erziehung. Hierbei gibt es strenge Auflagen und entsprechende Kontrollmechanismen, um sicherzustellen, dass die Kinder adäquate Möglichkeiten für ihre persönliche Entwicklung erhalten und sich negative Erlebnisse und Erfahrungen in den Pflegeverhältnissen nicht wiederholen. In diesem Kontext ist soziale Professionalität „(...) Repräsentant des modernen Willens des Sozialstaats zu sozialer Gerechtigkeit. Aus der „Caritas" - volkstümlich verstanden - wird die Erfüllung von Rechten; Hilfen sind nicht bestimmt durch Zufall, Erfahrung, Betroffenheit, durch Sympathie und Antipathie. Hilfen sind verlässliche, gesicherte, gleichsam „geeichte" Dienstleistungen; aus dem Almosenempfänger wird der unabhängige Leistungsberechtigte, der Bürger, dem die Gesellschaft verpflichtet ist". (THIERSCH 1998, S. 265)

11.2 Professionalisierungstendenzen im Pflegschaftswesen

Die Professionalisierung im Pflegschaftswesen betrifft nicht nur die Pflegeeltern, sondern alle Beteiligten an einem Pflegeverhältnis, also auch die Behördenmitglieder, die für die Bewilligung und Aufsicht der Pflegeplätze zuständig sind, sowie die Sozialarbeiter(innen), welche Pflegeplätze vermitteln. JORDAN (Vgl. 1996, S. 15) spricht von einer „sanften Professionalisierung" im Pflegschaftswesen, wenn Rahmenbedingungen geschaffen werden, die den Pflegeeltern eine entsprechend finanzielle und sozialversicherungsrechtliche Absicherung garantieren. Ergänzend dazu müssen von Seiten der Behörden auch die Ressourcen für Vorbereitung, Beratung und Begleitung von Pflegeverhältnissen bereit gestellt werden, die den Pflegepersonen professionelles Handeln ermöglichen. Auch KAISER (Vgl. 1995 b, S. 234) betont in Bezug auf die Professionalisierung der Pflegefamilien die Notwendigkeit, Hilfestellung auf beraterische Art und Weise anzubieten, um die Pflegefamilien in ihrem Zusammenleben zu unterstützen, unter Berücksichtigung der Besonderheiten ihres Familientyps.

Im Zuge der Professionalitätsdebatte gehen neuere Überlegungen davon aus, dass für einen spezifischen Beruf das spezifische Anforderungsprofil zu bestimmen ist. Für beruflich professionell Handelnde im Sozialen bedeutet dies, dass sie beispielsweise über kommunikative Kompetenz verfügen müssen und eine Beziehung aufbauen können, um überhaupt vom Klientensystem verstanden und akzeptiert zu werden. Zudem benötigen sie Erfahrungswissen, gepaart mit spezifischem fachlichen Know-how, und Kenntnisse über Hilfsangebote. Ähnlich wie das für Sozialarbeiter(innen) passende Professionalitätskonzept aus ihren tatsächlichen Aufgaben, Funktionen und Rahmenbedingungen abgeleitet wird, sollte dies auch für Pflegeeltern geschehen. (Vgl. BLANDOW 2001, S. 119 f.) Pflegeeltern benötigen „...gewisse Wissensbestände (...) mit denen sie – im Bewusstsein, dass es sich lediglich um generalisiertes „Theoriewissen" handelt – bestimmte Verhaltensweisen ihres Pflegekindes versuchsweise, aber mit dem Risiko der Fehlinterpretation, deuten können. Auch ihr Verstehen ist Erfahrungswissen, an die Berücksichtigung der jeweiligen Situation und des Kontextes und an empathische Fähigkeiten gebunden. Sie müssen, wie die Sozialarbeiter(innen), die Einmaligkeit des Kindes, seine ganze Person in den Blick nehmen und den Kontext, den sozialen Zusammenhang, beachten, in dem etwas geschieht. Sie müssen sich in ihren Handlungen selbstreflexiv auf die eigene Person und die ihr Leben und das Pflegeverhältnis bestimmenden Rahmenbedingungen beziehen". (BLANDOW 2001, S. 120)

Aufgrund der zunehmenden sozialen Probleme in Familien haben die zu betreuenden Pflegekinder vielfach massive Erziehungs-, Entwicklungs- und Sozialisationsdefizite. Sie werden meist als schwer irritiert und verhaltensauffällig beschrieben und stellen dadurch ihre Pflegepersonen vor besondere sozialpädagogische Aufgaben. „Es ist inzwischen Allgemeingut, dass das Angebot eines freundlichen Erziehungsmilieus innerhalb einer Familie allein dem zerstörerischen und Unruhe stiftenden Verhalten traumatisierter Kinder nicht wirkungsvoll begegnen kann. Die Frage nach klaren und die

Kinder selbst schützenden und unterstützenden Regeln stellt sich vorrangig". (HUBER 2001, S. 138)

Um mit Pflegekindern resozialisierend, heilend bzw. richtig umzugehen, genügt die Liebe und Erfahrung mit den eigenen Kindern nicht. COLTON / HEATH stellten in ihrer Untersuchung fest, dass speziell Missbrauch und Vernachlässigung in der frühen Kindheit bei den betroffenen Pflegekindern - trotz langfristiger Unterbringung im vorteilhaften Umfeld von Mittelschichtpflegefamilien – Verhaltensweisen nach sich ziehen, die sonst eher typisch für solche Kinder sind, die in benachteiligten häuslichen Umgebungen aufwachsen. Die Ergebnisse der Studie konnten nicht mit häufigem Beziehungswechsel der Pflegekinder oder niedrigen Erwartungshaltungen seitens der Pflegeeltern in Verbindung gebracht werden. Daraus lässt sich folgern, dass für die Erziehung von Pflegekindern mehr als „normales" Familienleben und „normales" elterliches Interesse notwendig ist, um frühere defizitäre Erfahrungen kompensieren zu können. (Vgl. COLTON / HEATH 1999, S. 779 ff.)

Aus dieser Erkenntnis folgernd wird die Forderung gestellt: „Alle Kinder, die in Ersatz- oder Ergänzungsfamilien betreut werden, haben das Recht auf gleich qualifizierte Pflege und Erziehung, wie sie ihnen anderenfalls in Institutionen zuteil würde. Dazu müssen die Pflegepersonen entsprechend aus-/weitergebildet (professionalisiert) werden". (LUTTER 1999, S. 18) Die Pflegepersonen benötigen zur Erfüllung ihrer anspruchsvollen Aufgaben folgende professionelle Erziehungskompetenzen (Vgl. LUTTER 1996, S. 109):

- Pflegeeltern müssen spezielles Wissen erwerben, um nicht durch spezielle Situationen überrascht, schockiert und überfordert zu sein, sondern Verhaltensweisen und Symptome deuten und darauf eingehen können.
- Sie müssen professionelle Haltungen erwerben und trainieren, um mit solchen Situationen zurecht zu kommen und nicht sofort zu kapitulieren, d.h., das Pflegeverhältnis abzubrechen.
- Sie müssen lernen, ihr eigenes Beziehungs- und Erziehungsverhalten zu reflektieren, Kritik zuzulassen, Konflikte konstruktiv auszutragen, mit Behörden einerseits und den leiblichen Eltern der Kinder andererseits sowie mit vielen Therapie- und / oder Beratungseinrichtungen kompetent und partnerschaftlich zu kooperieren.
- Sie müssen bewusst Elternrolle und Erzieherfunktion auseinander halten und beides zugleich im Familienalltag verbinden.
- Dazu brauchen sie Aus- und Fortbildung sowie begleitende Supervision.

Aufgrund der sich verändernden Aufgabenstellungen im Pflegekinderbereich sind auch die Fachleute, welche auf dem Gebiet des Pflegekinderwesens tätig sind, angehalten, professionelle Strukturen zu erarbeiten, um die komplexe Arbeit positiv mitzugestalten. BLANDOW (1999, S. 763) nennt folgende Kriterien für die Fachlichkeit der Pflegekinderdienste:

1. Entscheidungen, die in das Schicksal eines Menschen (oder einer sozialen Gruppe wie einer Familie) eingreifen, können nie allein aufgrund (immer der Gefahr des Vorurteils und der selektiven Wahrnehmung ausgesetzten) individuell-persönlichen Urteils gefällt werden, sondern bedürfen zumindest einer kollegialen Kontrolle. (Kriterien: Teamarbeit; [kollegiale] Kontrolle / Supervision).
2. Solche Entscheidungen müssen das Gesamt der tatsächlich zur Verfügung stehenden funktionalen Äquivalente für eine bestimmte Problemlösung berücksichtigen und sich an der am wenigsten schädlichen Alternative – oder positiv formuliert – an der für einen gegebenen Fall erreichbaren „optimalen Variante“ – orientieren (Kriterium: die am wenigsten schädliche Alternative).
3. Entscheidungen dürfen nicht zuungunsten Dritter, sozusagen auf „Betrugs“- Basis durchgesetzt werden (das wäre zum Beispiel dann der Fall, wenn den Bewerbern um ein „anhangloses“ Pflegekind ein Kind mit deutlich sichtbaren Bindungen an die Herkunftsfamilie „aufgeschwatzt“ würde, oder wenn andere Faktoren, welche die Entscheidung Dritter möglicherweise beeinflussen, bewusst oder grob fahrlässig zurückgehalten würden) (Kriterium: Offene und vollständige Information).
4. Die zu vermittelnden Kinder bzw. Jugendlichen sind ihrem Entwicklungsstand gemäß in Entscheidungsprozesse einzubeziehen. (Kriterium: Einbeziehung des Kindes in Entscheidungsprozesse).
5. Jeder Entscheidung sollten diagnostische Abklärungen vorausgehen, die das Selbstbestimmungsrecht der Beteiligten (Kinder, Eltern, Pflegeeltern) nicht beschneiden, (Kriterium: nicht-stigmatisierende Diagnostik).
6. Die Pflegekinderdienste haben ihrer Beratungs- und Informationspflicht während bestehender Pflegeverhältnisse nachzukommen und dies im besonderen Maße in Phasen und Situationen, die an Pflegepersonen und Pflegekinder besondere Anforderungen stellen (z.B. Kennenlernen und Eingewöhnungsphase, Kontaktaufnahme der Herkunftsfamilie zur Pflegefamilie, Umbruchsphasen im System der Pflegefamilie wie Geburt eines eigenen Kindes, Scheidung, Aufnahme eines weiteren Pflege- oder Adoptivkindes, Auszug oder Abgabe eines anderen Kindes, soziale Degradierungen des Pflegekindes z.B. bei Überweisung in eine Sonderschule, schließlich auch allgemein labilisierende Entwicklungsphasen wie die „Pubertät“). (Kriterium: Beratungsqualität)

12. QUALITÄTSENTWICKLUNG IM PFLEGEKINDERWESEN

12.1 Die Qualitätssicherungsdiskussion

Der Qualitätsbegriff ist in den letzten Jahren verstärkt aus der Wirtschaft auch in den sozialen Dienstleistungsbereich eingegangen. Angebote und Leistungen müssen Mindeststandards genügen, welche anhand von Kriterien überprüfbar sein sollten. Im Pflegekinderwesen werden seit einiger Zeit die Themen Qualität und Qualitätsentwicklung diskutiert, da es in der Vergangenheit eine systematische Auseinandersetzung mit der Qualitätsfrage kaum gab. Generell wirft die Frage nach Definition, Erfassung und Messung von Qualität im Sozialbereich viele Fragen auf, gleichzeitig bietet sich aber auch die Chance zu vertiefter Auseinandersetzung mit der eigenen Arbeit.

Unabhängig davon gibt es verschiedene Gründe, warum das Thema Qualitätssicherung und –management in der sozialen Arbeit soviel Aufmerksamkeit erfährt. MERCHEL (2004, S. 15) erwähnt folgende drei Aspekte:

- Die Forderung nach Bewertung der fachlichen Arbeit und nach Behebung arbeitsfeldspezifischer Mängel sowie die Forderung nach verbesserter Legitimation sozialer Arbeit durch Nachweis von „Wirksamkeit";
- Veränderungen der ökonomischen Rahmenbedingungen und daraus folgend die Intensivierung der Anforderung, betriebswirtschaftliches Denken und Handeln vermehrt in Einrichtungen der sozialen Arbeit zu verankern;
- Die Profilierung des Qualitätsthemas durch seine Placierung in den Sozialgesetzen.

Es muss davon ausgegangen werden, dass die Bewilligung von öffentlichen Mitteln immer umfassender mit der Forderung von Wirkungsnachweisen verbunden wird und in diesem Zusammenhang mit Qualitätsnachweisen. Der Qualitätsbegriff dient zusehends auch dafür, Grenzen zu ziehen zwischen Leistungen, für die bezahlt wird und die dann auch in versprochener Qualität erbracht werden sollen, und Leistungen, für die man nicht zu zahlen bereit ist. „Die Selbstverständlichkeit, mit der man in der Vergangenheit soziale Projekte förderte, löst sich allmählich auf und wird ersetzt durch genauere Fragen nach den Effekten, nach dem Verhältnis zwischen aufgewendeten Ressourcen und Qualität der Arbeit, nach Möglichkeiten der Kostenreduktion und dabei erforderlichen qualitativen Mindeststandards, etc. Einrichtungen sozialer Arbeit müssen sich verstärkt legitimieren im Hinblick auf ein angemessenes Verhältnis zwischen Aufwand und Leistungsqualität". (MERCHEL 2004, S. 17 f.)

Die Frage der Qualität der Arbeit im Pflegekinderwesen ist sehr komplex, da sehr viele verschiedene Mitwirkende an der Leistungserbringung, nämlich der Placierung, Betreuung und Erziehung eines Pflegekindes beteiligt sind. Es ist kaum möglich, genau zu definieren, welche von den verschiedenen Beteiligten was zu dem ganzen Prozess beitragen.

Die internationale Organisation für Standardisierung (ISO) definiert in ihrer Norm 8402 die Qualität einer Dienstleistung wie folgt: „Qualität ist die Gesamtheit von Eigenschaften und Merkmalen eines Produktes oder einer Dienstleistung, die sich auf deren Eignung zur Erfüllung festgelegter oder vorausgesetzter Erfordernisse beziehen". (TORNOW 2004, S. 24) Es wird deutlich, dass Qualität keine absolute, unveränderliche Größe ist, sondern abhängt von den Interessen und Bedürfnissen der Beteiligten. Sie ist abhängig von der Übereinstimmung der zu erwartenden Leistung und der tatsächlich erbrachten Leistung. Da die verschiedenen Beteiligten unterschiedliche Qualitätserwartungen haben, bestimmen unterschiedlich Perspektiven und Interessenslagen das Merkmal von Qualität. Deshalb erfordert die Definition von Qualitätsstandards das Aushandeln und Vermitteln zwischen unterschiedlichen Interessen.

Ausgehend von allgemeinen Qualitätsdefinitionen, werden drei Dimensionen differenziert, um Qualität genauer fassbar zu machen (Vgl. MERCHEL, 2004, S. 39):

- Die Strukturqualität bezieht sich auf die organisationsbezogenen Rahmenbedingungen und auf die Ausstattung, über die eine Einrichtung bei der Erbringung ihrer Leistung verfügt. Für die Pflegefamilie bedeutet dies zu hinterfragen, welche baulichen und räumlichen Gegebenheiten vorhanden sind, wie die Qualität der Arbeitsmittel bzw. die Qualifikation der Pflegeeltern sich für die Umsetzung der Leistungserbringung darstellen.
- Mit Prozessqualität meint man das Vorhandensein und die Beschaffenheit solcher Aktivitäten, die geeignet und notwendig sind, ein bestimmtes Ziel der Leistung zu erreichen. In Bezug auf das Pflegekinderwesen umfasst dies die Abklärung von Pflegeplätzen, die Suche, Information und Evaluation von potentiellen Pflegeeltern, die Vermittlung eines bestimmten Kindes in eine entsprechende Pflegefamilie, die Perspektivenplanung, die Begleitung von Pflegeverhältnissen, die Beratung von Pflegeeltern, die Arbeit mit den Herkunftseltern usw. Ebenso die Qualität der im Rahmen der Pflegefamilie ablaufenden Prozesse, wie die erzieherische Arbeit der Pflegeeltern, die Zusammenarbeit von Fachpersonen, Pflegeeltern, Herkunftseltern und Behörden.

- Fragen der Ergebnisqualität werden angesprochen, wenn der erzielte Zustand, also ein sichtbarer Erfolg oder Misserfolg betrachtet wird. Es wird dabei die Wirksamkeit der mit dem Pflegeverhältnis getroffenen Zielvereinbarungen und Hilfen beschrieben, etwa die Lebenstüchtigkeit von Pflegekindern nach Beendigung des Pflegeverhältnisses, ihr Selbstbild, oder ihre schulische und berufliche Entwicklung.

Es ist jedoch zu berücksichtigen, dass eine soziale Dienstleistung wie Erziehung in Pflegefamilien eine von Personen an Personen erbrachte Dienstleistung darstellt, welche aufgrund ihrer nicht instrumentellen Art sich nicht ohne weiteres mit einer produktbezogenen Leistung vergleichen lässt. Da Hilfe zur Erziehung in Pflegefamilien ein personales Geschehen im Beziehungsfeld darstellt, ist verständlich, dass Menschen keine Maschinen sind, die man einfach nach Plan bearbeiten kann. Die Akteure des Pflegekinderwesens handeln in einem komplexen Beziehungsgeschehen, das sich selbst strukturiert und sich aufgrund systemimmanenter Dynamik verändert. Was geschieht ist einzigartig und erschwert es, Ergebnisqualität einfach festzustellen. HÖRTENHUBER (2003, S. 180) erwähnt bezüglich der Probleme bei der Beurteilung der Betreuungsarbeit folgende Aspekte:

- „Die Betreuungsarbeit lässt sich nicht auf Zahlen reduzieren und dadurch belegen.
- Die Qualität ist nicht objektiv zu beurteilen, da die soziale Arbeit – hier speziell die Betreuungsarbeit – mit unterschiedlichsten Gruppen, Interessen und Werten konfrontiert ist.
- Die Betreuungssituation ist ein dynamischer Prozess, der nicht nur von den Fachkräften gesteuert wird, sondern immer auch von den Adressaten abhängig, beeinflussbar und von individuellen Entwicklungen geprägt ist.
- Der Betreuungsprozess ist situationsabhängig und daher nicht immer planbar und zeichnet sich durch einen hohen Komplexitätsgrad aus."

Trotz dieser problematischen Variablen sollte versucht werden, Prozesse und Wirkungen von Fremderziehung zu messen, denn „Pädagogik kann unabhängig von einem Qualitätsmanagement erfreulich oder katastrophal ausfallen, wie in jeder normalen Familie. Die Frage mit der wir uns heute beschäftigen, ist nicht die Gestaltung alltäglicher pädagogischer Beziehung, sondern deren weitgehende Sicherstellung und Verbesserung durch Professionalität und Organisation. Dadurch wird Beziehung zu Beziehungsarbeit und eine Familie zu einer Dienstleistungsinstitution." (TORNOW 2004, S. 23)

12.2 Was ist Qualität im Pflegekinderwesen?

Je nachdem, ob die Frage nach guter Qualität im Pflegekinderwesen aus Sicht der Sozialpolitik, der Behörde, des Pflegekinderdienstes, der Herkunfts- oder Pflegefamilie oder aus Sicht des Pflegekindes gestellt wird, ergeben sich unterschiedliche Antworten. Unabhängig davon sollte das Wohl des Pflegekindes im Mittelpunkt stehen. Qualität zeigt sich folglich darin, Bedingungen herzustellen, welche die Chance erhöhen, den Vorrang des Kindeswohles zu gewährleisten.

Beispielhaft für die in Gang gekommene Diskussion bezüglich Qualität im Pflegekinderwesen sollen hierzu Überlegungen bzw. Thesen zweier Autoren vorgestellt werden. MAYWALD (2001, S. 22 ff.) hält grundsätzlich fest, dass die Diskussion um gute Qualität für Pflegekinder dazu beitragen kann, das Bewusstsein für die Leistungen und Grenzen des Pflegekinderwesens zu stärken und die Wertschätzung für Pflegefamilien zu erhöhen.
Als erstes von fünf Qualitätsmerkmalen erwähnt er den Umstand, dass im Pflegekinderwesen überhaupt die Frage nach guter Qualität gestellt wird. Wo ein Bewusstsein für Qualität besteht wird erkennbar, dass

- „die Leistungen, die Pflegeeltern erbringen, ein knappes Gut sind, das nicht einfach unbegrenzt zur Verfügung steht;
- die getane Arbeit wertvoll ist, öffentliche Wertschätzung verlangt und einen Preis hat;
- die Angebote von Pflegepersonen sich mit konkurrierenden Angeboten messen können und ein eigenständiges Profil besitzen;
- der Erfolg der Arbeit (bzw. Vermeidung von Misserfolg) Grundlage für die weitere Entwicklung des Pflegekindes ist".

Beim zweiten Merkmal geht es darum, Kriterien für Qualität zu entwickeln, die der Komplexität in Pflegefamilien gerecht werden. Er betont hierbei, dass erzieherische Praxis sich dialogisch entwickelt und die Dimension der Einzigartigkeit repräsentiert. Pflegepersonen agieren hierbei wie Künstler, die mittels Kommunikation Handlungszusammenhänge erzeugen und diese laufend experimentell überprüfen.
Ein drittes Qualitätsmerkmal stellt die Kinder in den Mittelpunkt aller Überlegungen. Nicht die Qualitätsdefinitionen der verschiedenen Beteiligten sollten maßgeblich sein, sondern die grundlegenden Bedürfnisse und Rechte der Pflegekinder.
Als viertes Merkmal werden die wichtigsten Weichenstellungen erwähnt, die den Prozess der Hilfe zur Erziehung in Pflegefamilien mitsteuern. Hierzu gehören die Vorbereitung und Auswahl der Pflegepersonen, die Vermittlung und der erste Kontakt,

die Perspektiv- und Hilfeplanung, die mögliche Rückführung in die Herkunftsfamilie sowie die Gestaltung der Besuchsregelung.
Das fünfte Qualitätsmerkmal bezieht sich auf die Bereitschaft zur Innovation. Ein selbstbewusstes Pflegekinderwesen fördert die Selbst- und Fremdevaluation und stellt sich den Fragen von Politik und Öffentlichkeit und öffnet sich den Erkenntnissen der unterschiedlichen Professionen.

Für BLANDOW (2001, S. 11 ff.) drückt sich die Qualität im Pflegekinderwesen darin aus, dass die für das Gelingen eines Pflegeverhältnisses verantwortlichen Dienste und Personen zum Wohl des Kindes kooperieren, er nennt dies Ko-Produzentenschaft. Diese zeigt sich darin:

- „dass die verfügbaren Organisationsmittel so eingesetzt werden, dass sich Ko-Produzentenschaft zum Wohl des Pflegekindes entwickeln kann und jede/r ihren/seinen Teil der Verantwortung tragen kann;
- dass jede/r Beteiligte im Respekt vor sich selbst und seiner Aufgabe und im Respekt vor den anderen und ihren Aufgaben ein Optimum an gemeinsamen Interessen am Kind entwickelt“.

Von besonderer Bedeutung ist der Vorfeldprozess eines Pflegeverhältnisses, in dessen Rahmen ein respektvoller Umgang sowohl mit den Bewerberinnen um ein Pflegekind, als auch mit den Angehörigen des Kindes und dem zu vermittelnden Kind, vorhanden sein sollte. Jener soziale Dienst, dem die Betreuung des Pflegeverhältnisses obliegt, trägt eine besondere Verantwortung, da er, aufgrund seiner Entscheidungsgewalt, über das größte Machtpotential verfügt. Zur Qualität des sozialen Dienstes gehört, Voraussetzungen für gelingende Ko-Produzentenschaft zu schaffen. Hierzu zählt die vollständige Weitergabe von allen relevanten Informationen an alle Beteiligten, die Einbeziehung aller Beteiligten in die sie betreffenden Angelegenheiten sowie die eindeutige Erklärung der eigenen Verantwortlichkeit und der Benennung von eigenen rechtlichen, institutionellen, fachlichen und persönlichen Grenzen.

Es wird weiters die Verantwortlichkeit der Pflegepersonen betont, die als Organisatoren des Alltagslebens dafür Sorge zu tragen haben, dass sich für das Pflegekind und die anderen Familienmitglieder eine Situation wohlwollenden Interesses aneinander und lebendiger Auseinandersetzung entwickeln kann. Zudem muss die Qualität mühsam und prozesshaft erarbeitet werden, ein Optimum an Qualität lässt sich nur selten erreichen.

Zusammenfassend kann festgehalten werden, dass die Qualitätsentwicklung im Pflegekinderwesen erst am Anfang steht, und die Frage, was ist Qualität, viele Facetten in sich birgt und somit nicht leicht zu beantworten ist.

13. ERZIEHUNGSSTELLEN

13.1 Zur Entstehung professioneller Familienerziehung

Anfang der 70er Jahre des vergangenen Jahrhunderts gab es im deutschsprachigen Raum bereits unterschiedliche Projekte mit dem Ziel, professionalisierte Pflegefamilien einzurichten. Ausgangspunkt war die Kritik an der Heimerziehung in den 60er Jahren, was zu einer Reduzierung von Heimunterbringungen führte und gleichzeitig neue Formen professioneller Familienerziehung entstehen ließ.

Die fachliche Auseinandersetzung in der Zeit der Heimreform war vor die Frage gestellt, wie Lebensorte von jungen Menschen gestaltet sein sollten, die über einen längeren Zeitraum fremd untergebracht sind. Daraus resultierte die Erkenntnis, dass Kinder und Jugendliche einen überschaubaren und ausreichend stabilen Lebensort für ihre Persönlichkeitsentwicklung benötigen. Für die Neustrukturierung der Heimerziehung bedeutete dies, dass unter Berücksichtigung spezieller familialer Strukturen entsprechend adäquate Rahmenbedingungen für das Aufwachsen der Kinder und Jugendlichen geschaffen wurden.

Daneben wurde erörtert, in welchen Fällen die Pflegefamilie die angemessene Form der Fremdunterbringung ist bzw. inwieweit die professionelle Erziehung in privaten Haushalten eine neue Alternative zur bisherigen Fremderziehung sein kann (Vgl. BONHOEFFER / WIDEMANN, 1980). Es wurden Stärken und Schwächen von Heimerziehung und Pflegefamilien herausgearbeitet, um die Weiterentwicklung der Hilfen im Bereich der Fremdunterbringung fortzusetzen. Der Grundgedanke mündete in der Fragestellung: „Wie müssen Bedingungen gestaltet sein, dass junge Menschen, die einer Fremderziehung bedürfen, in einer anderen als ihrer Herkunftsfamilie eine dauerhafte, qualifizierte und ihren Bedürfnissen angemessene und institutionell abgesicherte Betreuung und Förderung erhalten?“ (HAMBERGER et al 2001, S. 10)

Als Stärke der Heimerziehung wurden die grundsätzlichen Anforderungen an Professionalität gesehen, welche sich in der theoretischen und methodischen Qualifikation des Personals zeigt. Damit einher ging die Anbindung an eine Institution und an die damit verbundene Beratung, den Austausch und die Begleitung mit Fachkollegen. Als Kritik an der Heimerziehung wurden die für eine institutionelle Erziehung kennzeichnenden Strukturelemente des Schichtdienstes und der Austauschbarkeit von Personen erwähnt. Durch diesen häufigen Bezugspersonenwechsel drohte den Kindern und Jugendlichen eine ihnen vertraute Wiederholung von negativen Erziehungsmustern. Als wesentliche Stärke der

Pflegefamilie wurde die Exklusivität und Kontinuität von Beziehungen sowie die Privatheit und Intimität gesehen, wodurch Vertrauen und Bindung leichter entstehen könnten. Gleichzeitig wurde die die Gefahr sichtbar, dass die Familie rasch an ihre Grenzen stößt, wenn die Belastungen im Miteinander zu hoch werden und die Familie auseinander zu brechen droht. Daraus resultierte die Notwendigkeit einer kontinuierlichen Beratung, durch welche die Pflegefamilie konkrete Entlastungsmöglichkeiten erfährt.

Die entstandenen unterschiedlichen Formen professioneller Familienerziehung lassen sich als ein Versuch beschreiben, die Vorteile der beiden grundsätzlich verschieden strukturierten Formen der Fremderziehung, jener der Heimerziehung und jener der Pflegefamilie, miteinander zu verbinden, um eine neue, eigenständige Betreuungsform zu schaffen. „Neben dem Typus ‚Normalpflegestelle'" und Heimerziehung haben sich seit der Reformdiskussion mehr und mehr auch ‚professionalisierte' Angebotsformen durchgesetzt. Sie sind darauf ausgerichtet, ‚schwierige', ‚ältere' Kinder und Jugendliche, die in Normalpflegestellen kaum oder nur mit einem beträchtlichen Risiko vermittelt werden können, intensiv pädagogisch und / oder therapeutisch zu betreuen. In diesem Zusammenhang wird von den Pflegepersonen eine zumal auch formal auszuweisende, pädagogische Qualifikation erwartet". (GÜTHOFF 1996, S. 121)

In der Praxis haben sich im Bereich der professionellen Familienerziehung - eingebettet in der Schnittmenge von traditioneller Familienpflege und traditioneller Heimerziehung - in der Zwischenzeit eine Vielfalt von Hilfeformen entwickelt. Beispiele hierzu sind (Vgl. GÜTHOFF 1996, S. 123 ff):

- Erziehungsfamilie:
  Aufnahme finden hier Kinder und insbesondere Jugendliche, die in einer „klassischen" Pflegefamilie aufgrund des Alters nur schwer unterzubringen sind. Für Jugendliche, deren erzieherischer Bedarf eher im Rahmen einer „Familie" abgedeckt werden kann, bietet sich diese Hilfeform an.
- Sonderpflege:
  Unter der Bezeichnung Sonderpflegestellen hat sich eine Pflegeform entwickelt, die „entwicklungsbehinderte Waisen und Sozialwaisen" aufnimmt, die von der traditionellen Pflegefamilie nicht mehr erreicht werden können. Die Sonderpflege versteht sich als eine Form der Familienerziehung, wobei geeignete Fachkräfte (Sonderpflegestellen-Eltern) bis zu höchstens fünf Kinder und Jugendliche betreuen.
- Intensive sozialpädagogische Einzelbetreuung – Betreuung in Familien:
  Die Betreuung von Kindern und Jugendleichen erfolgt in Familien der Pädagoginnen, zu denen schon im Rahmen einer anderen Hilfemaßnahme (z.B.

Heimerziehung) Kontakte bestanden. Junge Menschen, denen im Rahmen einer solchen Maßnahmen Hilfe gewährt wird, zeichnen sich durch besonders ausgeprägte Lebensweisen und durch eine Vielzahl von negativen Erlebniserfahrungen aus.

- Ausgelagerter Heimplatz:
  In diesem Rahmen werden Minderjährige bei Personen familiennah untergebracht, die im Anstellungsverhältnis zu einem Jugendhilfeträger stehen. Diese Leistung ist ganz auf die Bedürfnisse des Einzelfalls ausgerichtet. Es werden vor allem Jugendliche angesprochen, die sich anderen Hilfeangeboten entziehen, sich in einer besonders gefährdeten Lebenssituation befinden und für die auch Formen der geschlossenen Unterbringung ungeeignet sind.
- Heilpädagogische Pflegestelle:
  Konzeptionell ist diese Pflegeform für Kinder gedacht, die aufgrund besonderer Erziehungsschwierigkeiten außerhalb ihres Elternhauses untergebracht werden müssen. Merkmale einer heilpädagogischen Pflegestelle sind die Fähigkeit einer Erziehungsperson, pädagogische Kenntnisse nach professionellen Maßstäben mit in die Arbeit einbringen zu können, sowie die Bereitschaft, besonders erziehungsschwierige Kinder und Jugendliche aufzunehmen.

13.2 Die Erziehungsstelle – eine besondere Form professioneller Familienerziehung

Als besondere Form professioneller Familienerziehung kann die Erziehungsstelle gesehen werden. Es werden in diesem Rahmen Kinder und Jugendliche betreut, die gruppenunfähig sind, da sie wegen ihrer Problematik die Entwicklung anderer direkt gefährden, und somit ein gruppenpädagogisches Angebot für sich nicht annehmen und nützen können. Vielmehr suchen sie die exklusive Nähe und Zuwendung, da sie in ihrer früheren Kindheit vernachlässigt wurden und oft seelische und körperliche Misshandlungen oder Traumata erlitten. Um dieser anspruchsvollen pädagogischen Aufgabenstellung gerecht zu werden, müssen Erziehungsstellen im Vergleich zu normalen Pflegestellen professioneller organisiert sein, indem sie anders und besser in Institutionen und Beratungsangebote eingebettet sind.

In ihrem Selbstverständnis sollen sich die Erziehungsstelleneltern nicht in ihrer Elternrolle sehen, sondern dem Kind pädagogische Bezugsperson sein, indem das Zusammenleben mit dem Pflegekind als berufliche Aufgabe verstanden wird. Sie müssen im Rahmen ihres Privatlebens die Betreuung eines Kindes leisten und sind zugleich eine professionelle Jugendhilfeeinrichtung. Im besonderen Ausmaße wird erwartet, dass sie mit den vielfältigen Spuren, die die Vergangenheit in der Seele der Kinder hinterlassen hat, geduldig umgehen und dennoch den Kontakt zu ihren

Herkunftsfamilien aufrechterhalten, um gegebenenfalls eine Rückführung in die Familie zu ermöglichen. Dadurch soll dem Kind ermöglicht werden, soziale Bindung zu nahe stehenden Erwachsenen aufzubauen, ohne es in Loyalitätskonflikte gegenüber seiner Herkunftsfamilie zu stürzen. „Stabilität und Kontinuität der (...) Bedürfnis befriedigenden Sozialisationsbedingungen werden dadurch erreicht, dass die wechselseitigen Beziehungen zwischen dem jungen Menschen, seiner Ersatzfamilie und seinem Herkunftsmilieu im Angebotsspektrum eines Trägers der Jugendhilfe verortet sind. Dies stellt für jeden der Beteiligten eine Erweiterung seines Reflexions- und Handlungsspielraums dar, der insbesondere in schwierigen Situationen zur Problemlösung genützt werden kann." (HAMBERGER et al, 2001, S. 14).

Um die Erziehungsstellen bei ihrer Arbeit adäquat zu unterstützen und zu begleiten, benötigen sie folgende professionelle Rahmenbedingungen (Vgl. Planungsgruppe Petra, 1996, S. 29 ff):

- Bewerberauswahl:

  Für die Erziehungsstellenarbeit werden vorrangig Personen berücksichtigt, die über eine angemessene pädagogische Qualifikation verfügen und mehrjährige Berufserfahrung besitzen. Die Auswahl von potentiellen Erziehungsstellen-Personen vollzieht sich primär im Rahmen von Paar- und Familiengesprächen und erstreckt sich über mehrere Monate.

- Betreuung:

  Kontinuierliche Betreuung der Erziehungsstelle durch Fachleute des zuständigen Jugendwohlfahrtverbandes mit dem Ziel, gemeinsame pädagogische Überlegungen zu erörtern und alle notwendigen rechtlichen und verwaltungsmäßigen Regelungen zu treffen.

- Beratung:

  Regelmäßige Praxisberatung der Erziehungsstellenpersonen durch einen externen Fachberater, der nicht beim zuständigen Jugendwohlfahrtsverband arbeitet oder dort angestellt ist. Zu dieser Form der Beratung müssen sich die Erziehungsstelleneltern verpflichten. Es ist ihnen nicht freigestellt, Supervision in Anspruch zu nehmen oder nicht.

- Bezahlung:

  Ein weiterer wichtiger Faktor ist die Bezahlung. Die Erziehungsstellen erhalten für ihre pädagogische Arbeit ein Honorar, welches deutlich höher ist, als ein normaler Kinderpflegesatz. Außerdem werden die Kosten für den Lebensunterhalt eines Erziehungsstellenkindes in angemessener Höhe übernommen.

13.3 Standards der Erziehungsstellenarbeit

Aufbauend auf mehrjährige Erfahrungen mit der Unterbringung von Kindern und Jugendlichen in Erziehungsstellen wurden Kriterien für die FremdPlacierung in Erziehungsstellen formuliert. Ziel ist es, gemeinsame Standards zu entwickeln, welche für die Erziehungsstellenarbeit von Relevanz sind und ihr besonderes, pädagogisches Setting bestimmen. Hierzu können folgende benannt werden (Fachgruppe Entwicklungsstellen der IGFH 2004, S. 52 ff / Positionspapier der Fachgruppe Erziehungsstellen der IGFH 1998, S. 129 ff):

13.3.1 Die Erziehungsstellen

Leistungen des Angebots Erziehungsstelle für Kinder und Jugendliche:

- Integration des Kindes oder Jugendlichen in das Alltagsleben von Familie und Umfeld
- Aufarbeitung und Gestaltung von Trennungs- und Bindungsprozessen
- Unterstützung des Kindes / des Jugendlichen beim Verstehen und Aufarbeiten seiner Biografie
- Förderung lebenspraktischer Fähigkeiten, der sozialen und emotionalen Kompetenz
- Förderung der kommunikativen und Konflikt regulierenden Kompetenz
- Eingliederung in die Bereiche Schule, Ausbildung und Beschäftigung
- Bedarfsorientierte Durchführung oder Initiierung spezieller Förderung im therapeutischen, schulischen, sportlichen oder erlebnispädagogischen Bereich
- Beachten von Schutz- und Beteiligungsrechten von Kindern und Jugendlichen
- Verständnis für und adäquater Umgang mit speziellen (problematischen) Verhaltensweisen der anvertrauten Kinder und Jugendlichen
- Beachtung der speziellen Lebenslagen von Mädchen und Jungen, ihrer Förderung und ihrer Beteiligung am gesellschaftlichen Prozess

Leistungen der Erziehungsstelle:

- Verpflichtende Teilnahme an Teamtreffen
- Verpflichtende Zusammenarbeit mit der Fachberatung
- Verpflichtende Teilnahme an Fort- und Weiterbildung
- Teilnahme an Hilfeplangesprächen
- Zusammenarbeit mit der Herkunftsfamilie – Einbeziehung in den Erziehungsprozess entsprechend dem kindlichen Bedarf
- Zusammenarbeit mit dem gesetzlichen Vertreter des Kindes
- Zusammenarbeit mit anderen beteiligten Diensten, Schulen, Therapeuten, etc.

Professionalität der Erziehungsstelle:

- In der Regel: sozialpädagogische Ausbildung und besondere pädagogische Eignung / Erfahrung
- Regelmäßige Beratung (Einzel- und Gruppenberatung)
- Supervision und Fortbildung (intern wie extern)
- Vernetzung der Erziehungsstellen

13.3.2 Fachliche Begleitung

Zielrichtung und Aufgaben der fachlichen Begleitung:

- Umfassende Zuständigkeit für die Beratung und Begleitung der Erziehungsstellen in den verschiedenen Phasen: Vermittlung, Anbahnung, laufende Erziehungsstelle, Beendigung, Rückführung, Nachbetreuung
- Umsetzung der Ziele des gemeinsam erarbeiteten Erziehungsplans und des Hilfeplans
- Ansprechpartner für die Kinder und Jugendlichen
- Ansprechpartner für die Herkunftsfamilien
- Zusammenarbeit mit den Jugendämtern
- Zusammenarbeit mit Schulen, Therapeuten und anderen Diensten
- Krisen- und Beschwerdemanagement
- Ansprechbarkeit für Kind, Erziehungsstelle und Eltern
- Schaffung von Entlastungsmöglichkeiten im sozialen Umfeld oder / und durch institutionelle Angebote
- Klärung der Wege (z.B. Einschaltung eines anderen Beraters)

Auswahl und Qualifizierung von Erziehungsstellen:

- Information über die inhaltlichen, rechtlichen und finanziellen Rahmenbedingungen, die institutionelle Anbindung und Unterstützung
- Durchführung mehrerer Gespräche, um die Eignung von Bewerberfamilien festzustellen, Inhalte dieser Gespräche:
    - Motivation
    - Auseinandersetzung mit dem eigenen Familiensystem und dem Umfeld
    - Erkennen eigener Grenzen und Möglichkeiten
    - Reflexion der pädagogischen Werthaltungen
    - berufliche Eignung
    - pädagogische Ausbildung
    - pädagogische Vorerfahrungen

- Bereitschaft zur Kooperation mit dem Träger und den anderen beteiligten Fachstellen und Institutionen

- Qualifizierungsprozess / damit verbundene Inhalte:
    - Einführung in die Thematik von Kindern / Jugendlichen mit besonderen Sozialisations- und Entwicklungsproblemen
    - Reflexion der Erziehungsstelle als „öffentliche Familie"
    - Formen der Zusammenarbeit mit Bezugspersonen aus der Herkunftsfamilie
    - Akzeptanz der Biografie der Kinder / Jugendlichen

Zusammenarbeit mit den Herkunftseltern:

- Die Beraterinnen koordinieren die Zusammenarbeit mit der Herkunftsfamilie. Die Gestaltung der Zusammenarbeit wird durch die Erziehungsstelle gewährleistet.
- Die Eltern werden über alle den Hilfeprozess betreffenden Abläufe informiert und in die Entscheidungen miteinbezogen.
- Besuchskontakte werden geplant, vor- und nachbereitet.
- Bei Bedarf wird begleiteter Umgang angeboten.
- Bei Bedarf wird der Kontakt zu Eltern wieder hergestellt.
- Weitergabe aller den Entwicklungsverlauf und die Lebenssituation des Kindes betreffenden Informationen.

Professionalität der Beratung:

- Ausbildung der Berater/innen in der Regel als Diplom-Sozialpädagogen oder Diplom-Sozialarbeiter, mit einer zusätzlichen Beratungsausbildung, die für die Arbeit mit Familiensystemen qualifiziert, Berufserfahrung im Bereich erzieherischer Hilfen.
- Berater/innen arbeiten im Team zusammen.
- Teamarbeit soll stattfinden:
    - Im Prozess der Auswahl und Vorbereitung einer Erziehungsstelle
    - um eine gegenseitige Vertretung zu ermöglichen
    - bei der gegenseitigen Unterstützung in Bezug auf Krisen
- Teilnahme an Fort- und Weiterbildungen
- Stetige Überprüfung der vorgenannten Qualitätskriterien

  Extern: durch regelmäßige Hilfeplanung, durch Vereinbarungen zur Qualitätsentwicklung mit dem Träger

  Intern: Durch dokumentierte Erziehungsplanung, durch kollegiale Beratung, gegenseitige Information, Fallbesprechungen, durch Mitarbeitergespräche, durch Dokumentation der regelmäßigen Kontakte mit Kindern, deren Eltern und der Erziehungsstelle.

13.3.3 Leistungen des Trägers und der Leitung

- Fach- und Dienstaufsicht für Erziehungsstellen und Berater/innen
- Sicherstellung einer kontinuierlichen Beratung
- Feste Anstellung von Berater/innen
- Organisation von Entlastungsangeboten für die Erziehungsstellen
- Organisation von Teamarbeit, Fortbildungen, Begegnungsmöglichkeiten und Tagungen für die Erziehungsstellen
- Supervision für die Berater/innen und die pädagogischen Mitarbeiter/innen
- Öffentlichkeitsarbeit
- Finanzverwaltung, Abrechnung aller Leistungen im Rahmen eines umfassenden Kostensatzes
- Auswahl und Qualifizierung von Bewerberfamilien
- Absicherung der notwendigen vertraglichen Vereinbarungen mit der Erziehungsstelle und dem Jugendamt zur Kostenübernahme
- Laufende Weiterentwicklung der Qualifizierung der Erziehungsstelle und der Berater/innen
- Weiterentwicklung der Struktur, die für die Erbringung der Leistung notwendig ist.

13.3.4 Sachliche und materielle Standards

- Ein bis zwei Kinder / Jugendliche je Erziehungsstelle
- Beratungsschlüssel 1:10
- Pauschalierte Unterhaltsleistungen nach landesrechtlichen Regelungen und Vereinbarungen für das Kind ---/ den Jugendlichen zuzüglich ausgehandeltem Mehrbedarf und Nebenleistungen
- Erziehungsgeld oder Anstellung, bewertet in Höhe einer Halbtagesbeschäftigung pro Kind
- Integration der sich aus den unten genannten Standards ergebenden Kosten in den Kostensatz / das Entgelt
- Eigenes Zimmer für das Kind, den Jugendlichen
- Polizeiliches Führungszeugnis der Erziehungsstellen-Eltern / Mitarbeiter/innen
- Gesundheitszeugnis

13.3.5 Leistungsvereinbarung und Qualitätsentwicklungsvereinbarung

Einzelheiten der vorgenannten Punkte regelt die jeweilige Leistungsvereinbarung. Die Qualitätsentwicklungsvereinbarung enthält die einrichtungsspezifischen Vereinbarungen zwischen freiem und öffentlichem Träger.

14. KONZEPT DER SOZIALPÄDAGOGISCHEN ERZIEHUNGS-STELLEN IN VORARLBERG

14.1 Allgemeines

Ich bekam im Jahre 1991 die Möglichkeit, ein Fachkonzept für „sozialpädagogische Erziehungsstellen" in Vorarlberg zu erstellen. Ziel war es, für stark Problem beladene Minderjährige, für die sich bisherige Fremdunterbringungen, wie Heime oder „normale Pflegefamilien", als ungünstig erwiesen haben, eine taugliche Betreuungsalternative zu entwickeln. Nach einer Pilotprojektphase wurde im Jahre 1998 zwischen dem Land Vorarlberg als Jugendwohlfahrtsträger und der Stiftung CARINA, kinderpsychiatrische Beobachtungs- und Therapiestation, eine Rahmenvereinbarung bezüglich sozialpädagogischer Erziehungsstellen getroffen. Seit diesem Zeitpunkt ist dieses Konzept fix in der Landschaft der Jugendwohlfahrt des Landes Vorarlberg etabliert.

Definition:
Was ist eine Sozialpädagogische Erziehungsstelle?
"Sozialpädagogische Erziehungsstellen" (SES) sind Familien oder Einzelpersonen mit oder ohne eigene Kinder und einem Pflegekind, in Ausnahmefällen mit mehreren Pflegekindern.
Im Unterschied zu "normalen" Pflegefamilien muss der hauptbetreuende Elternteil in der SES eine professionelle Erzieherausbildung (oder analoge Fachausbildung) vorweisen.
Die aufgenommenen Kinder weisen infolge ungünstiger familiärer Vorbedingungen emotionale Störungen und/oder Entwicklungs-, Lern- und/oder Verhaltensstörungen in erheblichem Ausmaße auf. Sie benötigen in erster Linie vermehrte emotionale Zuwendung von beständigen Bezugspersonen, sowie eine besondere pädagogisch-therapeutische Förderung.
Das Konzept der "Sozialpädagogischen Erziehungsstellen" entwickelte sich aus dem Modell der "Heilpädagogischen Pflegefamilien" und ist dessen Nachfolger.
In einer Rahmenvereinbarung wird die Zusammenarbeit mit dem Träger der öffentlichen Jugendwohlfahrt geregelt.

Warum:
Die SES nehmen erziehungsschwierige Kinder auf, die in der üblichen Pflegefamilie oft mangels fachspezifischer Kenntnisse der Eltern sowie aus familiendynamischen Gründen nicht tragbar sind und in einem Heim gerade wegen ihrer Störung, primär im emotionalen Bereich, falsch plaziert sind.

Zudem wird in der SES, sowohl der Kontakt zu den leiblichen Eltern aufrechterhalten (so dies von Seiten der leiblichen Eltern gewünscht wird), als auch eine Rückführung der Kinder in die Herkunftsfamilie in Betracht gezogen.
Die SES versteht sich als eine dezentrale, professionell geführte FremdPlacierungsmöglichkeit innerhalb eines familiären Rahmens.
Dies unterscheidet sie auch von den bereits vorhandenen institutionellen FremdPlacierungsmöglichkeiten wie Heimen, sozialpädagogischen Wohngemeinschaften, normalen Pflegefamilien usw.

Ressourcennutzung:
Häufig scheidet qualifiziertes Personal (im Erzieherberuf) aufgrund von Familiengründung oder beruflicher Neuorientierung frühzeitig aus dem Berufsleben aus. Es scheint daher möglich, diese "Ressourcen" für die "Sozialpädagogischen Erziehungsstellen" zu nutzen. Wir glauben, dass es ausgebildetes Fachpersonal gibt, das durchaus bereit wäre, bei entsprechenden Bedingungen zusätzlich zu den eigenen Kindern Pflegekinder aufzunehmen.

14.2 Inhaltliches

Ziele:
Für welche Kinder sind SES gedacht ?
Jedes Kind hat das Recht auf ein sicheres Leben in einer Familie, vorzugsweise in seiner eigenen, einer Adoptivfamilie oder einer verlässlichen Pflegefamilie!
Unser Angebot soll stark Problem beladene (Klassifizierung nach ICD-10) Kinder und Jugendliche, Mädchen und Burschen ansprechen, deren Entwicklungschancen in der Herkunftsfamilie deutlich beeinträchtigt sind oder für die sich bisherige Placierungen (herkömmliche Pflegefamilien, Heime, Kinderdörfer, Wohngemeinschaften etc.) als ungünstig erwiesen haben.

Aufgenommen werden Kinder und Jugendliche:

- mit Verhaltensstörungen und/oder Behinderungen, deren Eltern aus verschiedenen Gründen nicht mehr in der Lage sind, ihre Elternfunktion auszuüben;
- die eine dauerhafte Ersatzbeziehung brauchen und deren Eltern mit einer langfristigen Placierung einverstanden sind;
- die fähig sind, eine Beziehung zur Pflegefamilie aufzubauen;
- die bei entsprechender Stützung durch die Pflegefamilie öffentliche Schulen besuchen können.

Voraussetzungen für die Aufnahme in eine SES:

- Vor der Aufnahme müssen die Ergebnisse einer kinderpsychiatrischen und pädagogisch - psychologischen Abklärung vorliegen. Diese kann z.B. im CARINA oder in anderen Institutionen erfolgen.
- Die leiblichen Eltern und/oder die zuständigen Behörden müssen mit einer langfristigen Placierung des Kindes einverstanden sein.
- Das Kind muss in die momentane Familiensituation der in Frage kommenden SES (Altersstruktur, Geschlecht) passen. Sie sollte den individuellen Eigenheiten und Bedürfnissen des Pflegekindes entsprechen.
- Um Langfristigkeit und Beziehungskonstanz zu gewährleisten, werden spezielle Abmachungen zwischen den leiblichen Eltern und der SES in einer Pflegevereinbarung geregelt (z.B. Wochenendbesuche).
- Jedes Pflegeverhältnis wird begleitet, in unserem Modell durch das CARINA.

Fachlichkeit, Aufgaben und Pflichten der SES

Fachlichkeit:

- Die SES-Eltern verstehen sich in ihrem Selbstverständnis und von ihrer Zielsetzung her als Ersatzeltern für sozial gefährdete und emotional gestörte Kinder oder Jugendliche und benötigen für die Ausübung ihrer Funktion entsprechende, berufliche Voraussetzungen und Qualifikationen.
- Ein Elternteil in der Erziehungsstelle muss deshalb über eine anerkannte pädagogische Ausbildung verfügen (z.B. Erzieher/in) und/oder über mehrjährige praktische Erfahrung in diesem speziellen Erziehungsbereich verfügen. Sie führen ihre Tätigkeit in diesem Rahmen eigenverantwortlich durch.

Aufgaben:

- Die Erziehung der Kinder in einer SES soll auf heil- und sonderpädagogischen Grundsätzen basieren, um eine möglichst positive Entwicklung der Kinder zu gewährleisten.
- Die SES-Eltern nehmen zu ihren eigenen Kindern, so vorhanden, Pflegekinder oder Jugendliche auf, sodass die familiäre Struktur gewahrt bleibt und eine individuelle Förderung der Kinder möglich ist.
- Die SES bietet dem Kind langfristig persönliche Zuwendung und Geborgenheit unter besonderen Bedingungen. Kommt es zu keiner Rückführung in die Herkunftsfamilie, verbleiben die Kinder nach Möglichkeit bis zur Erreichung ihrer Selbstständigkeit in der SES. Auch nach dem Verlassen der ES kann der Kontakt zu den "Ersatzfamilien" aufrecht erhalten werden.

- Der pädagogische Auftrag der SES sowie des CARINA wird durch die individuellen Bedürfnisse der Minderjährigen bestimmt. Die Persönlichkeit des Minderjährigen, insbesondere seine Anlagen, Fähigkeiten, Neigungen und sein Entwicklungsstand sind zu berücksichtigen. Auf die Sprachzugehörigkeit des Minderjährigen und auf sein Religionsbekenntnis ist Bedacht zu nehmen. Wichtige soziale Beziehungen sind zu erhalten, zu stärken oder neu zu schaffen.

Pflichten:

- Grundlage hierfür sind regelmäßige Beratungsgespräche zwischen den SES und dem/der Projektbeauftragten Mitarbeiter/in des CARINA und den daraus resultierenden Erziehungsplänen.
- Die Beratungsgespräche finden regelmäßig, mindestens einmal im Monat, in Krisensituationen entsprechend häufiger, statt und sind verpflichtend. Bei Themen, die das gesamte Familiensystem betreffen, wird die Teilnahme von allen erziehungsrelevanten Personen der SES erwartet.
- Drei Monate nach der Placierung muss die SES einen ersten Beobachtungs- und Erziehungsbericht verfassen, der der zuständigen Bezirkshauptmannschaft vorgelegt wird.
- Im Weiteren muss die von der SES geleistete Arbeit dokumentiert und jährlich in einem Erziehungsbericht zusammengefasst werden. Dieser Bericht wird der zuständigen Bezirkshauptmannschaft, Abteilung Jugendwohlfahrt, vorgelegt.

Fachlichkeit, Aufgaben und Pflichten des CARINA

Fachlichkeit des CARINA:

Das CARINA

- trägt die Verantwortung für eine fachlich qualifizierte Begleitung und Kontrolle der Arbeit der SES und gewährleistet damit eine bedarfsgerechte, geeignete und geplante Arbeit.
- stellt für die Auswahl, Vorbereitung und Begleitung der SES eine qualifizierte Fachkraft (Psychotherapeut/in, dipl. Sozialarbeiter/in oder Erzieher/in) zur Verfügung.

Aufgaben des CARINA:

- sorgt für eine fachspezifische Aus- und Weiterbildung seiner SES-Mitarbeiter/innen
- wirbt SES Eltern an und trifft eine Auswahl. (siehe dazu 14.5.1 Akquisitionsprozess)
- klärt die Situation der Kinder und Jugendlichen ab.
- arbeitet mit den Herkunftseltern und den sie betreuenden Institutionen zusammen und klärt mit ihnen eine eventuelle Unterbringung in einer SES.

Pflichten des CARINA:

- bereitet die SES Eltern auf ihre Aufgabe vor.
- begleitet und leitet den Vermittlungsprozess. (siehe dazu 14.5.2 Aufnahmeprozess)
- begleitet die SES in ihrer täglichen Erziehungsarbeit (mind. 1x monatlich Gespräche), erstellt einen Erziehungsplan (nach ca. 3 Monaten) und überprüft dessen Einhaltung. (siehe dazu 14.5.3 Betreuungsprozess.)
- initiiert und begleitet die Rückführung des/der Minderjährigen in die Herkunftsfamilie.
- sichert und begleitet bei Abbruch oder Beendigung der Maßnahme die notwendigen Schritte und stellt gegebenenfalls Kontakte zu anderen Institutionen her.
- initiiert, leitet und begleitet verschiedene Veranstaltungen für SES (2 - 4x jährlich) und betreibt Öffentlichkeitsarbeit.

Elternarbeit mit der Herkunftsfamilie:

- Die Aufgaben der SES beziehen in einem großen Umfang auch die Arbeit mit der Herkunftsfamilie des/der Minderjährigen ein. Die Bereitschaft zur Auseinandersetzung mit seiner Herkunftsfamilie ist deshalb unerlässlich und wird vorausgesetzt. Die Intensität und die Art und Weise des Kontaktes mit den Angehörigen wird der besonderen Situation des Minderjährigen angepasst.
- Bei entsprechend veränderten Bedingungen soll auch eine Rückführung in die Herkunftsfamilie angestrebt werden.
- Diese Kontakte wollen vorbereitet und begleitet sein. Sie erfordern von den SES-Eltern viel Geduld und Bereitschaft, Probleme, die durch diese Begegnungen entstehen, mit den Kindern zu verarbeiten.
- Wenn es ihnen gelingt, die Pflegekinder ein Stück Solidarität mit den leiblichen Eltern spüren zu lassen, helfen sie ihnen, die zwei Welten, in denen sie unter Erschwernissen aufwachsen, besser zu akzeptieren.
- Durch regelmäßige Kontakte mit ihren Eltern lernen sie beide Lebenssituationen kennen und verstehen.

Berichterstattung und Information:

Nach den ersten 3 Monaten erarbeitet die SES zusammen mit dem CARINA einen Betreuungsplan, der regelmäßig hinterfragt und den aktuellen Erfordernissen angepasst wird. Dieser dient als Grundlage für die gemeinsame Arbeit.

Die SES erstellt jährlich und vor der Ausarbeitung des Betreuungsplanes einen Erziehungsbericht. Er wird den zuständigen Behörden vorgelegt.
Nach Beendigung oder Abbruch der Maßnahme fasst die SES und das CARINA die geleistete Arbeit und die gewonnenen Erkenntnisse in einem Abschlussbericht zusammen, der an die zuständigen Behörden ergeht.
Bei wesentlichen Änderungen im persönlichen und familiären Umfeld der SES oder dem/der Minderjährigen wird unverzüglich das zuständige Jugendwohlfahrtsamt informiert.

14.3 Strukturmodell

Kind / Familie:
In eine SES können je nach Problemstellung bzw. "Schwierigkeitsgrad" des aufzunehmenden Pflegekindes, eines oder in Ausnahmefällen mehrere Pflegekinder aufgenommen werden.
Der " Schwierigkeitsgrad " (z.B. hirnorganische Auffälligkeiten, Behinderungen, erethische, bzw. stark hyperaktive Verhaltensweisen, hochgradige Gefährdung - Alkohol, Drogen - oder Verwahrlosung, mehrere Pflegeplatzwechsel, permanente Provokationen,...) sollte sich aus der heilpädagogisch - kinderpsychiatrischen Begutachtung ergeben.

Begleitmaßnahmen:

- Die Betreuung von Kindern unter erschwerten Erziehungsbedingungen verlangt, von den SES-Eltern, überdurchschnittlich viel Kraft und Einsatz, als auch oftmals zusätzliche Beratung von außen.
- Kontinuierlich geführte Beratungsgespräche mit einer qualifizierten Fachkraft können den SES-Eltern die Arbeit im pädagogisch-psychologischen Bereich erleichtern und ihnen überdies zu moralischer Stärkung verhelfen.
  Mit Hilfe der Beratungsgespräche sind gegebenenfalls auch Probleme in der Herkunftsfamilie der Kinder mitzugestalten.
  In der Begleitung reflektieren sie zudem die alltägliche Arbeit, besprechen die längerfristigen Ziele und planen die nächsten Schritte, um die Entwicklung der ihnen anvertrauten Kinder gut zu leiten und zu fördern.

Zusätzliche Therapien:
Für die SES-Eltern muss, wenn notwendig, die Möglichkeit bestehen, zusätzliche ambulante therapeutische Angebote in Anspruch nehmen zu können. Diese zusätzlichen Therapiestunden (Spieltherapie, Logopädie, Psychomotorik, etc.) sollten

die SES-Eltern bei ihrer Arbeit unterstützen. Die Koordination dieser Maßnahmen erfolgt im Rahmen der Begleitung der SES von Seiten des CARINA.

14.4 Realisierungsmodell

Ausführung:

Das CARINA versucht, zu den genannten Bedingungen entsprechend geeignete Personen für solche SES zu finden.

Für die Ausführung und Begleitung muss eine qualifizierte Fachkraft (Psychotherapeut/in, dipl. Sozialarbeiter/in oder Erzieher/in, o.ä.) zur Verfügung stehen. Verwaltung und Koordination wird von Seiten des CARINA abgewickelt.

Finanzierung:

Die SES ist eine Ersatzfamilie, wobei die SES-Eltern professionelle Arbeit leisten. Die hauptberufliche Arbeit der Eltern in einer SES geschieht rund um die Uhr. Für das Kind da zu sein, ist vordringlicher, als eine saubere Trennung von Berufs- und Privatleben. Das Kind wird sich an Eltern, die in so beständiger Weise verfügbar sind, anders orientieren als an Erzieher/innen, die in drei Schichten arbeiten.

Kosten:

Kosten ergeben sich:	im Bereich der SES-Familie
	im Bereich zusätzl. therapeutischer Maßnahmen
	im Bereich der Begleitung und Beratung
	im Bereich Institution Verwaltung Koordination
Kosten für die SES-Familie :	Regelbedarfssatz
	Sozialpädagogisches Betreuungsentgelt
	Extras/Sonderausgaben
Sonstige Kosten:	therapeutische Maßnahmen
	Begleitung und Beratung
	Verwaltungskosten

Regelbedarfssatz:

Unter Regelbedarf versteht man allgemein jenen finanziellen Bedarf, den jedes Kind einer bestimmten Altersstufe in Österreich - ohne Rücksicht auf die konkreten Lebensverhältnisse seiner Eltern - an Nahrung, Kleidung, Wohnung und zur Bestreitung weiterer Bedürfnisse, wie etwa kulturelle und sportliche Betätigung, sonstige Freizeitgestaltung und Urlaub hat.

Sozialpädagogisches Betreuungsentgelt:
Die SES erhält nach einer schriftlichen Kostenzusage durch die Jugendwohlfahrt bzw. das Amt der Landesregierung Vorarlberg für den zu leistenden pädagogischen Einsatz vom CARINA ein sozialpädagogisches Betreuungsentgelt.
Bei besonders erschwerten Bedingungen (z.B. hochgradige Gefährdung - Alkohol, Drogen - oder permanente Provokationen, schwere Behinderung, erethische bzw. stark hyperaktive Verhaltensweisen) kann ein erhöhtes Betreuungsentgelt befristet beantragt werden. In die Berechnung des sozialpädagogischen Betreuungsentgelts sind eine freiwillige Pensionsversicherung, Krankenversicherung und anfallende Einkommenssteuer einkalkuliert.

Extras / Sonderausgaben / zusätzliche therapeutische Maßnahmen:
Allfälliger Sonderbedarf, der durch den Regelbedarfssatz nicht abgedeckt wird, kann nach Antrag und entsprechender Begründung erforderlichenfalls abgedeckt werden.
z.B. spezielle Zusatztherapien
- kieferorthopädische Behandlungskosten
- Kontaktlinsen
- Schul-Schiwochen

Begleitung, Beratung, Verwaltungskosten:
Der zu erwartende monatliche Aufwand erfordert pro Pflegeverhältnis im Durchschnitt 6 bis 8 ambulante Stunden. Die Höhe des ambulanten Stundensatzes wird in einer schriftlichen Vereinbarung mit der zuständigen Bezirkshauptmannschaft ausgewiesen.
Der verwaltungsmäßige Aufwand wird, im Sinne der Subsidiarität, von Seiten des CARINA wahrgenommen. Der Regelbedarfssatz und das Betreuungsentgelt werden direkt mit den zuständigen Behörden verrechnet.

Bedarf:
Aus der täglichen Arbeit mit kinderpsychiatrisch-heilpädagogischen Patienten ergibt sich immer wieder die Notwendigkeit einer längerfristigen Fremd-Placierung. Die vorhandenen Möglichkeiten (Kinderdorf, Heime etc.) sind immer wieder überbelegt und lassen häufig den familiären Rahmen vermissen.

Dokumentation und Evaluation:
Die Arbeitsergebnisse, -prozesse und -strukturen werden im Sinne des Evaluationsmodells der Jugendwohlfahrt evaluiert.

Eine entsprechende Dokumentation begleitet das Konzept und wird in einem Jahresbericht periodisch zusammengefasst.

14.5 Prozessabläufe

14.5.1 Beschreibung der Leistung - Akquisitionsprozess

Bedarfserhebung:

Anhand der Anfragen ergibt sich ein Bedarf, der bei der Akquisition zu berücksichtigen ist.

Werbung:

Die Fachbereichsleiter/in unternimmt verschiedene Werbemaßnahmen (Aussendung von Informationsmaterial, Informationsveranstaltungen, Pressemitteilungen, Inserate u.ä.)

Interessenten:

Das Anforderungsprofil ist im SES-Konzept dargelegt. Bewerber füllen einen Fragebogen aus, der nach einem persönlichen Informationsgespräch ausgegeben und als erster Prüfungsschritt bewertet wird. Das Informationsgespräch und alle weiteren Besprechungen des Akquisitionsprozesses werden von der Fachbereichsleiterin und einem SES-Mitarbeiter geführt. Der Akquisitionsprozess kann von beiden Seiten (SES-Fachbereich und Bewerber) abgebrochen werden.

Auswahlgespräch:

Grundlage dieses Gespräches ist der Fragebogen. Die persönlichen und familiären Ressourcen werden geprüft.

Hausbesuch:

Kennenlernen der gesamten Bewerber-Familie; Feststellung wie die übrigen Familienmitglieder zur Bewerbung stehen; Prüfung der wohnlichen Gegebenheiten.

Potentielle SES-Familie:

Nach einer vereinbarten Frist wird sowohl vom CARINA einerseits als auch von der Familie andererseits eine Entscheidung getroffen. Fällt diese beiderseits zugunsten der SES aus, wird die Familie in die Warteschleife übernommen und steht als potentielle SES-Familie zur Verfügung.

14.5.1.1 Zielsetzung des Akquisitionsprozesses

- Rechtzeitige Werbemaßnahmen ermöglichen es, SES-Familien in der Warteschleife zu führen, die im Bedarfsfall eingesetzt werden können.

- Die Überprüfung der beruflichen sowie der persönlichen Voraussetzungen und Qualifikationen gewährleistet eine professionelle pädagogische Haltung der potentiellen SES.
- Die geplanten Auswahlschritte ermöglichen eine tragfähige Entscheidung.
- Die Vorbereitung der potentiellen SES auf die bevorstehenden Aufgaben stärkt die Familien in ihren Ressourcen und ihrer Bereitschaft, sich den erzieherischen Herausforderungen zu stellen.

14.5.1.2 Ergebnisbezogene Qualitätsstandards bezüglich des Akquisitionsprozesses

Ausgabe von Fragebögen	• Die Bewerber können sich vorab mit dem Anforderungsprofil auseinander setzen. • Der ausgefüllte Fragebogen erlaubt dem SES-Fachbereichsteam einen ersten Eindru vom Bewerber, klärt Fragen und wirft Folgefragen auf.
Durchführung der Informations- und Bewerbungsgespräche durch 2 SES-Fachbereichsmitarbeiter	• Beobachtungen und Eindrücke aus den Gesprächen werden ausgetauscht. • Es kann eine sichere Entscheidung gefällt werden.
Die Kinder der Bewerber werden in den Entscheidungsprozess mit einbezogen	• Die Kinder können Fragen und Bedenken äußern. • Sie können die Entscheidung ihrer Eltern mittragen.
Die wirtschaftliche Situation der SES-Familie darf nicht vom Einkommen durch das Pflegekind abhängig sein	• Die SES-Familie kann in der Warteschleife bleiben. • Allfällige Rückführungsentscheidungen werden nicht durch wirtschaftliche Erwägungen beeinflusst.

14.5.1.3 Beschreibung der prozessbezogenen Qualitätsstandards bezüglich des Akquisitionsprozesses

Verfahren

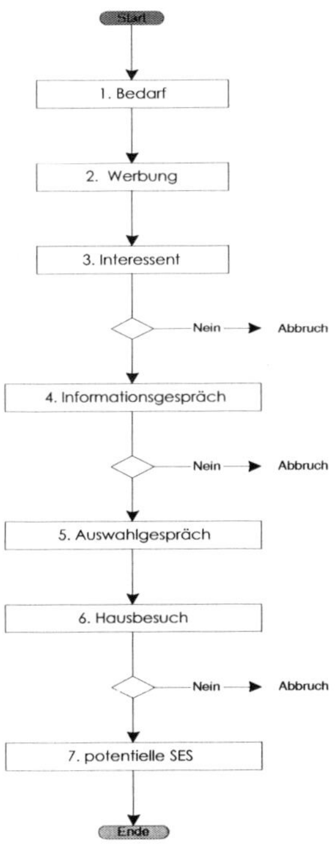

E	D	M	I	Hinweise & Dokumente
				⇦ In den Ablauf (input) ⇨ Aus dem Ablauf (output)
ESL				⇦ Anfrage
ESL	ESL	KL	ÄL ESB	⇨ Inserat ⇨ Veranstaltung ⇨ Aussendung
	ESL			⇦ Bewerbung ⇦ Anforderungsprofil (Konzept) ⇨ Dokumentation
ESL	ESL		ESB	⇨ Gesprächstermin ⇨ Absage: Anforderungen n. erfüllt
	ESL ESB	IS LP		⇦ Konzept ⇦ Information ü. Interessenten ⇨ Fragebogen ⇨ Dokumentation
ESL		ESB	IS	⇨ Gesprächstermin Absage: Anforderungen n. erfüllt
	ESL ESB	IS LP		⇦ Fragebogen ⇨ Dokumentation
	ESL ESB	IS FM		⇨ Dokumentation
ESL		ESB	IS FM KL ÄL	⇨ Zusage ⇨ Absage
				⇨ SES in der Warteschleife

E Entscheidung
D Durchführung
M Mitarbeit
I Information an

ÄL Ärztlicher Leiter
ESL ESLeitung
ESB ES-Betreuer
FM Familienmitglieder
IS Interessent
KL Kaufmännische Leiterin
LP Lebenspartner
SES Soz.päd. Erziehungsstelle

14.5.2 Beschreibung der Leistung – Aufnahme

Anfrage:
durch Bezirkshauptmannschaft, ambulante Dienste oder andere Stellen bei der Projektleiter/in. Abklärung der prinzipiellen Verfügbarkeit einer SES sowie einer groben Einschätzung, ob die Aufnahmekriterien erfüllt sind und der Kostenträger mit der Maßnahme einverstanden ist.

Fallbesprechung:
der Vorbefunde, Klärung der Zielvorstellungen, Kennenlernen aller Beteiligten und ggf. weitere Abklärungen.

Auswahl bzw. Suche einer SES-Familie:
Prüfung, ob eine vorhandene SES-Familie (Warteschleife) für die fallspezifischen Erfordernisse geeignet ist. In einer eingehenden Fallbesprechung mit der Familie werden Bereitschaft und Ressourcen geklärt. Sollte keine SES-Familie vorhanden oder geeignet sein, kann sich die Suche nach einer solchen anschließen.

Kennenlernen zwischen Kind, seiner Familie und der SES:
Der erste Kontakt findet an einem neutralen Ort (CARINA, Bezirkshauptmannschaft o.a.) statt. In einem weiteren Schritt wird die SES bei sich zu Hause besucht.

Anbahnungsprozess:
Dieser dauert je nach Dringlichkeit 1 bis 4 Wochen. Besuche werden bzgl. Dauer, Häufigkeit und beteiligter Personen genau geplant. Am Ende steht die endgültige Aufnahmeentscheidung, die von der SES, je nach Reife des Kindes, unter bestmöglicher Einbeziehung der Herkunftsfamilie getroffen wird.

Aufnahme:
Nachdem eine schriftliche Kostenübernahme durch die BH und der Antrag auf volle Erziehung vorliegen, unterzeichnen die SES-Eltern und der Fall führende Therapeut die Vereinbarung über die Zusammenarbeit und das Kind übersiedelt in die SES.

14.5.2.1 Zielsetzung des Aufnahmeprozesses

- Die genaue Prüfung der Vorbefunde, eingehende Fallbesprechungen sowie zusätzliche kinderpsychiatrische, pädagogische und psychologische Abklärungen stellen sicher, dass die SES eine adäquate Maßnahme darstellt.

- Die momentane Familiensituation der in Frage kommenden SES-Familie (Altersstruktur, Geschlecht usw.) entspricht den individuellen Eigenheiten und Bedürfnissen des Pflegekindes.

- Die sensible Auswahl der SES-Familie, die schrittweise Anbahnung und begleitete Entscheidungsprozesse gewährleisten Langfristigkeit und Beziehungskonstanz.

14.5.2.2 Ergebnisbezogene Qualitätsstandards bezüglich des Aufnahmeprozesses

Führen von Vorgesprächen	• Es entsteht Sicherheit darüber, ob ein Kind bzw. ein Jugendlicher die Aufnahmekriterien erfüllt. • Es wird eine SES-Familie ausgewählt bzw. gesucht, die dem Pflegekind entspricht. • Eine SES in der Warteschleife wird nicht durch viele vermeintliche Vermittlungen „verbraucht“.
Sukzessiver Annäherungsprozess zwischen SES-Familie und Kind bzw. Jugendlichem	• Es können tragfähige Entscheidungen heranreifen. • Alle Beteiligten können sich allmählich auf die veränderte Situation einstellen. • Die Räumlichkeiten können für das eintreffende Kind vorbereitet werden.
Unterzeichnung der Vereinbarung über die Zusammenarbeit zwischen SES-Familie und SES-Fachbereich	Die Verbindlichkeit der Entscheidung wird dokumentiert.

14.5.2.3 Beschreibung der prozessbezogenen Qualitätsstandards bezüglich des Aufnahmeprozesses

Verfahren	E	D	M	I	Hinweise & Dokumente
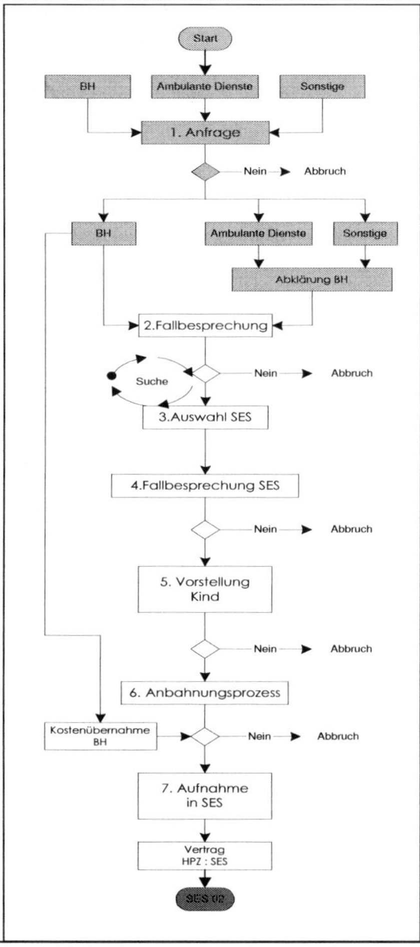					⇦ In den Ablauf (input) ⇨ Aus dem Ablauf (output)
		ESL		ESB	⇨ Dokumentation
	ESL		ESB		
	GG	SP		ESL	⇨ Dokumentation ⇨ Terminvereinbarung
	ESL	ESL ESB	SP HF	SES	⇦ Konzept SES (Grundlage) ⇦ Vorbefunde ⇨ Dokumentation
	ESL	ESL	ESB KL		⇨ Akquisitionsprozess (SES/AQ01)
	ESL	ESL ESB		SES	⇨ Terminvereinbarung
		ESB	SES	ESL SP	⇦ Vorbefunde ⇨ Dokumentation ⇨ Vorstellungstermin
	ESB	ESB	SES PK HF SP	GG ESL	⇨ Dokumentation ⇨ Planung d. weiteren Prozedere
	ESB	ESB	SES PK HF SP	GG ESL	⇦ Prozessplanung ⇨ Dokumentation
	GG	GG	ESL ESB	ESL KL	⇦ Schriftliche Stellungnahme ⇨ Schriftliche Kostenübernahme
		ESB	SES PK HF	ÄL KL	⇦ Schriftliche Kostenübernahme ⇦ Antrag auf volle Erziehung ⇨ Dokumentation
	SES	ESB SES		ESL KL ÄL	⇦ Rahmenvertrag (Grundlage) ⇦ Vertrag ⇨ „Vereinbg. ü. Zusammenarbei

E	Entscheidung
D	Durchführung
M	Mitarbeit
I	Information an

ÄL	Ärztlicher Leiter
BH	Bezirkshauptmannschaft
ESB	ES-Betreuer
ESL	ESLeitung
GG	Geldgeber
HF	Herkunftsfamilie
KL	Kaufmännische Leiterin
PK	Pflegekind
SES	Soz.päd. Erziehungsstelle
SP	Systempartner

14.5.3 Beschreibung der Leistung – Betreuungsprozess

Eingliederung in die SES:
Das Kind nimmt am Leben der SES teil, diese bietet professionelle Erziehung mit einem familiären Beziehungsrahmen. Der Kontakt zur Herkunftsfamilie wird soweit als möglich erhalten, Besuche werden geplant. Die SES hält Kontakt mit Kindergarten bzw. Schule oder ggf. mit der Lehrstelle.

Therapeutische Begleitung:
Regelmäßige Gespräche zwischen SES und Fall führendem Therapeuten. Besprechung von Beobachtungen, Zielsetzungen und pädagogischen Interventionen. Im Mittelpunkt stehen systemisch und lösungsorientierte Sichtweisen. Vierteljährlich treffen sich alle SES-Familien im Rahmen des SES-Netzwerkes (Supervision, Austausch, Psychohygiene, Fortbildung), das von der SES-Fachbereichsleitung organisiert und geführt wird.

Dokumentation und Berichte:
Die SES dokumentiert die Entwicklung in Beobachtungsbögen und Tagebüchern und verfasst Erziehungsberichte, die durch die Falldokumentation des Fall führenden Therapeuten ergänzt und der BH vorgelegt werden. Ein erster Bericht wird ca. 3 Monate nach der Aufnahme geschrieben und dann in jährlichen Abständen ergänzt. Die Zielsetzungen und die Entwicklung des Kindes werden in festgelegten Abständen im Rahmen von Standortbestimmungen überprüft.

Kontakte zur Herkunftsfamilie:
Neben der SES-Familie hält der Fall führende Therapeut auch Kontakt mit der Herkunftsfamilie und nimmt organisatorische, koordinierende und beratende Aufgaben wahr. Auch systemisch orientierte Interventionen kommen zum Einsatz.

Aufenthaltsdauer:
Diese kann entsprechend den Erfordernissen befristet oder unbefristet sein. Maximale Aufenthaltsdauer bis zur Volljährigkeit.

14.5.3.1 Zielsetzung des Betreuungsprozesses

Die SES-Eltern verstehen sich als professionelle Ersatzeltern und leisten qualifizierte pädagogische Arbeit.

Die Erziehung beruht auf heil- und sonderpädagogischen Grundsätzen und ermöglicht eine positive Entwicklung der Kinder.
Die SES bietet dem Kind langfristig persönliche Zuwendung und Geborgenheit.
Das Kind kann sich an den SES-Eltern, die in beständiger Weise rund um die Uhr verfügbar sind, besser orientieren als an Erzieher/innen, die in drei Schichten arbeiten.

Der pädagogische Auftrag wird durch die individuellen Bedürfnisse des Minderjährigen bestimmt. Seine Persönlichkeit, insbesondere seine Anlagen, Fähigkeiten, Neigungen und sein Entwicklungsstand werden berücksichtigt. Ebenso die Sprachzugehörigkeit und das Religionsbekenntnis.

Wichtige soziale Beziehungen werden erhalten, gestärkt oder neu geschaffen.
Die Kinder werden in ihrer schulischen und beruflichen Ausbildung gefördert und gestützt.
Den SES-Eltern gelingt es ein Stück Solidarität mit den leiblichen Eltern wachsen zu lassen und begleiten die Kinder in ihrer Auseinandersetzung mit diesen.
Sie helfen den Kindern, die zwei Welten, in denen sie erschwerender Weise aufwachsen, zu verstehen und besser zu akzeptieren.

Die fachlich qualifizierte Begleitung und Kontrolle der Arbeit in der SES durch das CARINA gewährleistet eine bedarfsgerechte, geeignete und planvolle Arbeit.
Die tägliche Erziehungsarbeit wird durch die therapeutische Begleitung unterstützt und Problemlösungen können erarbeitet und umgesetzt werden.
Die intensive und regelmäßige Begleitung der SES hilft dabei Krisensituationen zu bewältigen und unterstützt einen stabilen, langfristigen Betreuungsverlauf.

Die ausführliche Dokumentation macht den Betreuungsprozess nachvollziehbar.

Die Begegnungen mit der Herkunftsfamilie werden vorbereitet und begleitet. Es entsteht eine entspanntes und kooperatives Einvernehmen zwischen SES-Familie und leiblicher Familie.

14.5.3.2 Ergebnisbezogene Qualitätsstandards bezüglich des Betreuungsprozesses

Festhalten von Beobachtungen	Diese werden in Beobachtungsbögen dokumentiert.
Erstellen von Erziehungsplänen	Individuelle, operationalisierte Ziele ergeben sich aus den Beobachtungen und werden festgeschrieben. Diese betreffen die Bereiche: • Emotionalität • Sozialverhalten • Spielverhalten • Arbeits- und Leistungsverhalten • Lebenspraktische Fertigkeiten • Wahrnehmung • Motorik • Sprache
Zielgerichtetes, geplantes pädagogisches Vorgehen	Absprache pädagogischer Interventionen mit denen die Ziele erreicht werden sollen.
Zielkontrolle in regelmäßigen Standortbestimmungen	Ist-Soll-Vergleich anhand der Erziehungspläne

14.5.3.3 Beschreibung der prozessbezogenen Qualitätsstandards bezüglich des Betreuungsprozesses

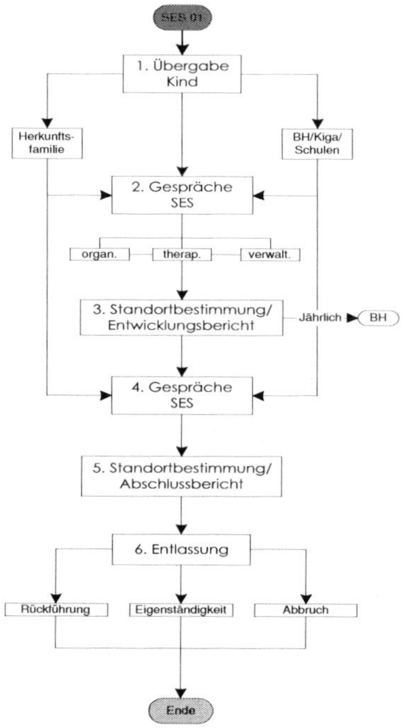

Verfahren	E	D	M	I	Hinweise & Dokumente
					⇦ In den Ablauf (input) ⇨ Aus dem Ablauf (output)
		ESB	SES PK HF		⇨ Dokumentation
		ESB	SES HF SP		⇦ Beobachtungsbogen ⇨ Dokumentation
		ESB	SES	BH	⇦ Dokumentation ⇨ Erziehungsplan ⇨ Entwicklungsbericht
		ESB	SES		⇦ Beobachtungsbogen ⇨ Dokumentation
		ESB	SES	BH	⇨ Abschlussbericht
	ESB SES BH	ESB	SES PK HF	ÄL KL BH LR	⇨ Dokumentation ⇨ Beendigung v. Regelbedarfssa u. Betreuungsentgelt

organ. - organisatorische Belange
therap. - therapeutische Inhalte
verwalt. - verwaltungstechnische Belange

E Entscheidung
D Durchführung
M Mitarbeit
I Information an

Ärztlicher Leiter
Bezirkshauptmannschaft
ES-Betreuer
ESLeitung
Herkunftsfamilie
Kaufmännische Leiterin
Landesregierung
Pflegekind
Soz.päd. Erziehungsstelle
Systempartner

UNTERSUCHUNG

15.1 Methodik der Befragung

15.1.1 Grundannahmen qualitativer Sozialforschung

Für die Befragung der Experten wurde, der Komplexität des Themas der Arbeit Rechnung tragend, ein qualitativer Untersuchungsansatz gewählt. Eine wesentliche Charakteristik der qualitativen Sozialforschung ist für FROSCHAUER/LUEGER (1998, S. 11 f.) „dass der Forschungsprozess nicht an einem Standardschema ausgerichtet werden kann, sondern flexibel zu gestalten ist." Die qualitative soziale Forschung beruht auf zwei Säulen: „Auf einer Vorstellung über den Aufbau von Gesellschaft und auf Regeln wissenschaftlichen Erkenntnisgewinns über die Gesellschaft, die auf der inhaltlichen Konzeption aufbauen".

In Bezug auf den Aufbau der Gesellschaft im Rahmen qualitativ-orientierter Sozialforschung wird von folgender These ausgegangen: „Alle Handlungen - und demgemäß auch alle Aussagen in Interviews – sind durch die Strukturen und Prozesse der Lebenswelt beeinflusst, die eine Person umgeben (wie etwa soziale Systeme). In diesem Sinne handeln Personen niemals vollkommen autonom und unabhängig vom Lebenszusammenhang oder von einer momentanen Situation, sondern ihre Handlungen sind in einem gesellschaftlichen und situativen Kontext eingebettet. Genauso wie die Gesellschaft über diese Wege das Individuum, seine Handlungen und seine Einstellungen formt, so formt, reproduziert und verändert das Individuum selbst durch seine Handlungen die Gesellschaft" (ebd., S. 12).

Die Regeln des Erkenntnisgewinns „beziehen sich in ihrem Kern auf das für qualitative soziale Forschung charakteristische Verhältnis zwischen Theorie und sozialer Realität: Im Zentrum aller Betrachtungen steht die soziale Realität, aus der Theorien abgeleitet werden, dies erfordert immer eine intensive und offene Auseinandersetzung mit dem forschungsrelevanten Feld, ohne vorweg dieser Realität Theorieannahmen überzustülpen" (ebd., S. 15).
LAMNEK (1995 a) erörtert verschiedene Prinzipien, die in ihrer Zusammenfassung als die „Programmatik qualitativer Sozialforschung" verstanden werden können. Im Folgenden sollen diese nun kurz beschrieben werden (1995 a, S. 21 f.)

Die Offenheit:

Es wird hierbei dafür plädiert, „den Wahrnehmungstrichter empirischer Sozialforschung soweit als möglich offen zu halten, um dadurch auch unerwartete, aber dafür um so instruktivere Informationen zu erhalten“ (S. 22). Diese Grundhaltung beinhaltet dabei eine Offenheit sowohl

- gegenüber den Untersuchungspersonen (inklusive ihrer individueller Eigenarten) selbst, aber auch
- gegenüber der Untersuchungssituation
- und den im einzelnen anzuwendenden Methoden

Forschung als Kommunikation:

Der qualitative Ansatz begreift die Kommunikation zwischen Forscher und Beforschtem als konstitutiven Bestandteil des Forschungsprozesses. Empirische Forschung ist immer auch Kommunikation, weshalb die alltäglichen Regeln der Kommunikation im Forschungsprozess zu beachten sind.

Der Prozesscharakter von Forschung und Gegenstand:

Im Rahmen sozialer Phänomene ist auch die Dimension der „Prozesshaftigkeit“ zu berücksichtigen. Die Prozesshaftigkeit ist hierbei nicht nur dem Forschungsakt zu unterstellen, sondern auch dem Forschungsgegenstand. Weiters ist das Forschungsinteresse auf den Prozess der Konstitution von Wirklichkeit und auf den Prozess der Konstitution von Deutungs- und Handlungsmustern gerichtet.

Reflexivität von Gegenstand und Analyse:

Die Reflexivität wird sowohl im Forschungsgegenstand wie auch im Forschungsakt vermutet. Bei der Analyse nimmt das „Reflexivitätsprinzip“ eher die Form einer Forderung an. Weiters ist die empirische Forschung reflexiv in der Sinnzuweisung zu Handlungen, also auch im Analyseprozess.

Die Explikation:

Die Einzelschritte des Untersuchungsprozesses sollten so weit wie möglich offen gelegt werden. Zudem sollten die Regeln transparent gemacht werden, nach denen die erhobenen Daten interpretiert werden. Dadurch wird die Nachvollziehbarkeit der Interpretation ermöglicht.

Flexibilität:

Ein wichtiger Vorteil qualitativer Sozialforschung ist ihre vergleichsweise große Flexibilität. Diese bezieht sich auf den gesamten Forschungsprozess, auf die konkrete Situation sowie auf die Beziehung zwischen Forscher und Beforschtem und drückt sich in der Anpassung an veränderte Bedingungen und Konstellationen aus.

15.1.2 Das qualitative Interview

Nachdem für die vorliegende Arbeit zur Datenerhebung das qualitative Interview als Methode gewählt wurde, soll festgehalten werden, welchen methodologischen Kriterien dieser Interviewtypus nach LAMNEK (1995 b, S. 64) genügen muss:

- Explikation und Prozesscharakter des qualitativen Interviews manifestieren sich im Prinzip der Reflexivität von Gegenstand und Analyse
- Qualitative Interviews versuchen das Prinzip des Alltagsgespräches zu realisieren
- Qualitative Interviews lassen den Befragten zu Wort kommen. Er ist nicht nur Datenlieferant, sondern er determiniert als Subjekt das Gespräch qualitativ und quantitativ: Prinzip der Zurückhaltung durch den Forscher
- Keine Prädetermination durch den Forscher, sondern Wirklichkeitsdefinition durch den Befragten: Prinzip der Relevanzsysteme der Betroffenen
- Es gilt das „kommunikative Regelsystem" des Befragten, der Interviewer hat sich daran anzupassen: Prinzip der Kommunikativität
- Das Interview ist für unerwartete Informationen zugänglich: Prinzip der Offenheit
- In der Interview-Situation reagiert der Forscher variabel auf die Bedürfnisse des Befragten: Prinzip der Flexibilität
- Das qualitative Interview ermittelt bevorzugt Deutungs- und Handlungsmuster der Befragten, die sich im Verlaufe des Interviews entwickeln: Prinzip der Prozesshaftigkeit
- Das qualitative Interview dient eher der Genese denn der Prüfung von Theorien: Prinzip der datenbasierten Theorie
- Die Aussagen im Interview „emergieren" dadurch zur Theorie (Typenbildung), dass sie im Interviewprozess interpretiert werden: Prinzip der Explikation

Für die Datenerhebung wurde, basierend auf dieser Kriterienliste der Interviewdurchführung, das „qualitative Interview" nach FROSCHAUER / LUEGER (1998) ausgewählt. Dem Interview liegen zwei Prinzipien zugrunde (S. 16 f.):

- Offenheit:
  Das Prinzip besagt, dass die Forschungsfrage, der Forschungsablauf, die Auswahl der einbezogenen Personen, das Forschungsobjekt, die Untersuchungssituation, die anzuwendenden Methoden sowie die potentiellen alternativen Interpretationen möglichst offen zu gestalten sind.
- Kommunikation:

Das Prinzip der Kommunikation besagt, dass der Forscher den Zugang zu Daten nur gewinnt, wenn er eine Kommunikationsbeziehung mit dem Forschungssubjekt eingeht. Diese Daten spielen auch im Interpretationsprozess eine wichtige Rolle.

„Die Fragetechnik orientiert sich im Sinne der Offenheit am narrativen Interview. Das Grundprinzip besteht darin, Erzählungen über Erlebtes anzuregen und dadurch einen Zugang zu ansonsten nicht beobachtbaren Ereignissen und deren retrospektive Deutung zu schaffen“ (ebd., S. 43).

Der Gesprächsverlauf im qualitativen Interview ist in den meisten Fällen keine homogene Abfolge der Besprechung unterschiedlicher Themen, sondern lässt sich in folgende Phasen einteilen:

1. Phase des Gesprächseinstiegs
2. Phase der Haupterzählung
3. Phase des immanenten Nachfragens und Weitererzählens
4. Phase der emanenten Fragen und Antworten
5. Phase des Gesprächsabschlusses

Um das Gesamtthema der Untersuchung zu unterteilen, wurde als Unterstützung ein Interviewleitfaden (siehe Anhang) ausgearbeitet. Dieser sollte einerseits die die Forschung leitenden Fragestellungen widerspiegeln, andererseits Themenbereiche beinhalten, welche aufgrund der theoretischen Auseinandersetzung von Relevanz sind. Zwecks optimaler Datenerhebung und Datenerfassung wurden alle Interviews mittels Tonband protokolliert. Daran anschließend erfolgte die Transkription der einzelnen Interviews, als Basis für die Datenauswertung.

15.1.3 Auswahl der Expertinnen

Da es in der qualitativen Forschung nicht um Repräsentativität, sondern um typische Fälle geht, werden keine Zufallsstichproben gezogen, es geht vielmehr darum, „ein möglichst zutreffendes Set der relevanten Handlungsmuster in einer sozialen Situation herauszufinden“. (LAMNEK 1995 b, S. 92) „Man sucht sich nach seinen Erkenntnisinteressen einzelne Fälle für die Befragung aus“, was LAMNEK (1995 b, S. 93) als „theoretical sampling“ bezeichnet. Die Auswahl der Personen erfolgt häufig aufgrund informeller Kontakte bzw. persönlicher Beziehungen. Deshalb verweist LAMNEK auf die notwendige Selbstkontrolle des Forschers, um eine drohende verzerrte oder untypische Auswahl zu vermeiden.

Im Rahmen der qualitativen Erhebung wurden alle Erziehungsstelleneltern miteinbezogen, welche entsprechend dem Konzept der sozialpädagogischen Erziehungsstellen in Vorarlberg tätig sind. Darauf aufbauend war es ihnen möglich, auf persönliche Erfahrungen, Eindrücke und Beobachtungen zurückzugreifen.

In der unten dargestellten Tabelle erfolgt eine Kurzbeschreibung des Familienprofils der sechs sozialpädagogischen Erziehungsstellen.

Familie	**Qualifik. d. hauptberufl. Elternteils**	**Anzahl eigener Kinder**	**Alter des Pflege-kindes bei Aufnahme**	**Aufenthalts-dauer i. d. soz.pädag. Erz.-Stelle**	**Geschl. d. betreuten Pflege-kindes**	**Position d. Pflg.-Kindes i.d. Geschw.-Reihe**
A	Erzieherin	2	8 Jahre	13 Jahre	m	ältestes Kind
B	Erzieherin	2	5 Jahre	9 Jahre	w	mittleres Kind
C	Erzieherin	2	9 Jahre	6 Jahre	m	jüngstes Kind
D	Erzieherin	3	7 Jahre	6 Jahre	m	ältestes Kind
E	Psychiatrie-Kranken-Sr.	2	4 Jahre	6 Jahre	m	jüngstes Kind
F	Erzieherin	6	7 Jahre	½ Jahr	m	mittleres Kind

15.1.4 Interviewdurchführung

Die Interviews wurden entweder zu Hause bei den Familien oder an einem neutralen Ort durchgeführt. Sie wurden als Einzelinterviews durchgeführt, wobei alle auf Tonband aufgezeichnet wurden. Es wurde von Seiten des Interviewers den Befragten zugesichert, das Datenmaterial anonym auszuwerten. Zudem erhielten alle Interviewten die Zusage, dass sowohl die Bänder als auch die Transkriptionen in den Händen des Interviewers verbleiben.

15.2 Datenauswertung

Für die Auswertung und die Analyse der Interviewdaten wurden folgende vier Auswertungsschritte nach LAMNEK (1995 b, S. 108 f.) angewandt:

Phase 1: Die Transkription

Hierbei geht es darum, das umfangreiche Material inhaltsgetreu zu Papier zu bringen. Daran anschließend erfolgen gegebenenfalls Korrekturen (z.B. Tipp- und Hörfehler).

Phase 2: Die Einzelanalyse

Hauptziel ist die Analyse der einzelnen Interviews, die im Ergebnis in eine Konzentration des Materials münden sollen. Es werden hierzu Nebensächlichkeiten aus den einzelnen Abschriften entfernt, die zentralen Passagen hervorgehoben. Daran anschließend werden die prägnantesten Textstellen dem Transkript entnommen, so entsteht ein neuer, stark gekürzter und konzentrierter Text. Darauf aufbauend ist es möglich, eine erste Charakterisierung des jeweiligen Interviews zu erstellen.

Phase 3: Generalisierende Analyse

Hier blickt man über das einzelne Interview hinaus, um zu allgemeinen Erkenntnissen zu gelangen. Es werden Gemeinsamkeiten, die in allen oder einigen Interviews aufgetreten sind, gesucht. Die Unterschiede werden ebenfalls festgehalten, um keine artifizielle Homogenität entstehen zu lassen, sondern um die inhaltlichen Differenzen der Interviews herauszuarbeiten. Diese Gemeinsamkeiten und Unterschiede ergeben bei weiterer Analyse Grundtendenzen, die für einige oder alle Befragten typisch erscheinen. Gibt es unterschiedliche Typen von Befragten, Aussagen, Informationen, so werden diese unter Bezugnahme auf die konkreten Einzelfälle dargestellt und interpretiert.

Phase 4: Kontrollphase

Da es sich um eine reduktive Auswertung der Interviewprotokolle handelt, sind Fehlinterpretationen nicht auszuschließen. Deshalb empfiehlt sich eine Kontrollphase, in der man immer wieder die vollständige Transkription der Interviews zu Rate zieht. Treten Zweifel auf, so empfiehlt sich, die Originalaufnahme nochmals abzuhören.

16. ERGEBNISSE DER BEFRAGUNG

Im Rahmen der Darstellung der Ergebnisse werden die Zitate der Erziehungsstellen-Eltern in den Text integriert und kursiv hervorgehoben. Nach jedem Zitat erfolgt anonymisiert in Klammer die Angabe, welchem Erziehungsstellen-Elternteil, Frau oder Mann, die entsprechende Äußerung zuzuordnen ist. Die Zuordnung der Buchstaben A, B, C, D, E und F entspricht dabei der oben dargestellten Tabelle (vgl. Kap. 15.1.3).

16.1 Motivation für die Aufnahme eines Pflegekindes

Mit der Aufnahme eines Pflegekindes wird die Möglichkeit gesehen, wieder in eine berufliche Rolle einsteigen zu können.
„Also ein Grundgedanke war, dass ich nach Möglichkeiten gesucht habe, wieder in den Job einzusteigen, die eigenen Kinder waren damals 4 und 5.“ (B – Frau, S. 2)
„Der eigentliche Auslöser war dann der, dass sich die ... überlegt hat, wie will sie sich beruflich orientieren, was will sie machen, was könnte sie tun. Auf der einen Seite die Bedürfnisse der Familie zu befriedigen, auf der anderen Seite aber auch beruflich wieder Fuß zu fassen und sich wieder zurück zu begeben beruflich, da stand irgendwann einmal das Thema Pflegekind.“ (B – Mann, S. 2)

Gleichzeitig wird es als vorteilhaft betrachtet, die Tätigkeit als sozialpädagogische Erziehungsstelle zu Hause ausüben zu können, und somit Beruf und Familie miteinander verbinden zu können.
„Ich habe dann festgestellt, es passt ja ganz gut, weil ich zu Hause bin, ich konnte nicht berufstätig sein, weil ich schon die ... damals hatte, meine inzwischen älteste Tochter, und konnte dann das ganz gut miteinander verknüpfen. Das war eigentlich dieser Hauptbeweggrund dann zu sagen, okay, die ... ist nicht allein, ich kann in meinem Beruf weitermachen, ich bin dann quasi kein Aussteiger, sondern führe das nur auf einer anderen Ebene weiter, habe meinen Spaß dabei und verdiene gleichzeitig noch ein Geld. Also da waren einfach mehrere Fliegen mit einer Klappe geschlagen.“ (F – Frau, S. 2)
„Die Sichtweise war, Beruf und Familie lässt sich da optimal verbinden.“ (B – Mann, S. 3)

Ebenso wird die berufliche Identifizierung, welche mit der Tätigkeit als sozialpädagogische Erziehungsstelle verbunden ist, zum Ausdruck gebracht.
„Und so hat sich das ein gutes Stück weit quasi neben unserer beruflichen Tätigkeit entwickelt und irgendwann haben wir die Überlegung angestellt, im Grunde, wenn die Kinder jetzt so immer wieder auf uns zukommen, soll man nicht daraus eine Profession machen?“ (F – Mann, S. 3)

„Nachdem ich ja schon gemerkt habe, dass ich aus dem Arbeitsleben ausscheide, hat sich eine Lücke aufgetan, um irgendetwas zu machen, und das hat uns eigentlich angesprochen.“ (E – Mann, S. 2)

Weiters werden als Motivation Überlegungen bzw. Erkenntnisse erwähnt, welche aus der bisherigen beruflichen pädagogischen Erfahrung resultieren.

„Ich bin damals als Erzieher beschäftigt gewesen im Heimbereich und habe dort gemerkt, dass es für manche Kinder einfach unmöglich ist, in einer Gruppe von acht bis zehn Kindern adäquat aufzuwachsen. Für den Großteil hat es sicher gepasst, aber es hat auch einzelne Kinder gegeben, wo das nicht so gepasst hat aus meiner Sicht, die eine kleinere Einheit brauchen, eine familiäre Einheit, und damals habe ich dann durch einen Bekannten gehört, dass es solche Möglichkeiten gibt, habe mich erkundigt und habe mich dann beworben.“ (C – Mann, S. 2)

„Ja, das kommt noch aus meiner Zeit, als ich im Kinderheim gearbeitet habe, da hat ja jeder Erzieher so seine Bezugskinder, für die er verantwortlich ist, mit Berichten und intensiveren Kontakten mit Lehrern und allen Möglichen, und der Gedanke keimte nach einer Frage von einem Bezugskind von mir, und die war, als ich gerade meine Sachen packte, um meinen Dienst zu beenden und heimzugehen, die war dann – Wenn du mal selber Kinder hast, kommst du dann nicht mehr zu uns? – und dann, das hat ganz schön in mir gesessen, gearbeitet und da keimte in mir die Idee, was kann ich denn machen, um so etwas zu umgehen, und das einzig Mögliche war dann, wenn ich selber Kinder habe, diese Art der Betreuung in meine Familie zu verlegen.“ (D – Frau, S. 2)

16.2 Eingewöhnungsphase des Pflegekindes in der Familie

Bezüglich der Eingewöhnungsphase des Pflegekindes wird von den sozialpädagogischen Erziehungsstellen-Eltern die Beobachtung beschrieben, dass das Pflegekind zu Beginn der Integration öfters eine Phase der Anpassung durchschreitet, welche von unterschiedlicher Dauer sein kann.

„Und dann ist er zu uns gekommen, und die ersten 15 Tage habe ich mich ernst gefragt, warum ist er überhaupt bei uns? Wieso? Der hat sich so toll verhalten, mitgemacht und geholfen, das ist auch ein sehr freundlicher und hilfsbereiter Bub, aber der war wirklich überdimensional sehr angepasst.“ (C – Frau, S. 4)

„Ich habe ... als sehr angepasst erlebt, die erste Zeit, das erste halbe Jahr, wo sie, ja eigentlich schnell sich bei uns integriert hat, nicht so diese erwarteten Probleme gemacht hat. (...) Also ihr Bett und ihr Spielzeug und ihre Sachen, und ja es war eigentlich das erste halbe Jahr ..., also sie war sofort drinnen. Es war auch so, sie hat, ich glaube nach zwei Wochen, drei Wochen Mama und Papa gesagt. Das ging ganz schnell.“ (B – Frau, S. 3)

„Das Landen war für ihn recht einfach, weil er sich wohl gefühlt hat, weil er froh gewesen ist, da etwas zu finden, wo er, ich glaube im Moment alles positiv gesehen hat, die Schattenseiten hat er verdrängt und so zirka die ersten drei Monate ist das alles problemlos gegangen, also ein kleines Engelchen." (C – Mann, S. 3)
„Dann kann ich mich an die erste Phase erinnern, die - schätze ich jetzt einmal - 1½ Jahre gegangen ist, wo die ... sehr angepasst war, wo sie sehr ein braves, zufriedenes, umgängliches Kind war; (...) das waren so die, ich würde sagen, so die ersten sechs Monate, wo ich eigentlich recht zufrieden war mit ihr, wo sie sehr angepasst war." (B – Mann, S. 3)
„Aber ich denke mir, dass das eigentlich die Eingewöhnungsphase, sagen wir einmal nach drei Monaten, der erste große Schritt schon immer abgeschlossen war." (A – Frau, S. 4)

Ebenso wird die Erfahrung beschrieben, dass das Pflegekind in der weiteren Folge mittels früherer Verhaltensweisen in der Begegnung mit den Pflegeeltern die neue Beziehung einer ersten Erprobung unterzieht.
„Und ich denke, dann ist so die Phase gekommen, wo sie sich langsam sicher war, da bin ich jetzt daheim, und dann hat sie sich eigentlich ebenso wieder fallen lassen in sich selber und hat eigentlich, dann schon auch, sich in eine andere Richtung entwickelt (...) Auffälligkeiten: Wo wir plötzlich ein Kind im Haus gehabt haben, das geschlagen hat, wo wir bis dorthin nicht gekannt haben, ein Kind im Haus gehabt haben, das gelogen hat oder das gestohlen hat. Das haben wir bis dorthin einfach nicht gekannt. Das waren völlig neue Voraussetzungen für uns oder eine neue Situation für uns und ich sage jetzt einmal, die recht harmonische Geschichte, die natürlich auch ihre Ecken hatte und nicht nur Friede, Freude Eierkuchen war, aber grundsätzlich eher harmonische Geschichte hat dann angefangen zum Ecken, weil einfach die Kinder untereinander tierisch Stress gekriegt haben." (B – Mann, S. 3)
„Dann sind die ersten Auflehnungen gekommen und zwar massiv." (C – Mann, S. 3)
„Und dann kam diese Phase des Ausprobierens, die ist unterschiedlich, das ist auch nicht bei jedem, also nicht bei jedem Kind gleich, kommt auch auf das Alter an, auf die Vorgeschichte." (A – Frau, S. 4)

Aber es zeigt sich auch, dass ein Pflegekind gleich in der Anfangszeit des Integrationsprozesses in eine sozialpädagogische Erziehungsstelle auf eine sehr dynamische Art und Weise versuchen kann, sein bisheriges Agitationsmuster zu wiederholen.
„Natürlich versuchen sie ein bisschen, Drähte zu ziehen, Knöpfchen zu drücken, durch alte Verhaltensmuster, gewohnte Verhaltensmuster, wenn das bei den Eltern funktioniert hat, vielleicht funktioniert es ja in der Pflegefamilie auch. Also da sind die dann so ein bisschen am Herumprobieren noch und so von der Erfahrung her, haben wir festgestellt, also nach

dem ersten Vierteljahr stellt sich dann so dieser Kerncharakter von dem Kind für uns raus." (F – Frau , S. 3)

‚Wobei die ersten zwei Wochen wirklich die extremsten waren, ja also die ersten zwei Wochen waren der massivste Einschnitt von der Umstellung her, ja habe ich so in Erinnerung." (D – Frau, S. 4)

Ebenso bleibt in Erinnerung, dass die Eingewöhnungsphase

„eine sehr anstrengende Zeit war, eine sehr aufregende Zeit war, wo man wirklich dauernd präsent hat sein müssen und den ... auch nicht nur kurze Zeit allein hat lassen können." (E – Frau, S. 3)

... und gleichzeitig war das Pflegekind

„dann relativ sehr aktiv, hat da ziemlich schnell von den Dingen Besitz ergriffen, wenn man so sagen kann. Und auch sonst, er ist da nicht scheu gewesen, sondern er hat rundum eigentlich ziemlich schnell alles angenommen. Nicht so wie, also ich kenne andere Kinder, die da sehr ruhig dasitzen und abwarten, das war überhaupt nicht der Fall bei ihm, also eigentlich gar nicht, sondern er war da recht lebendig." (E – Mann, S. 4)

16.3 Auftretende innerfamiliale Veränderungsprozesse mit Eintritt des Pflegekindes in die Familie

Der Eintritt eines Pflegekindes in das Pflegefamiliensystem stellt für alle bisherigen Familienmitglieder eine große Herausforderung dar. Es wird ein Prozess der Neupositionierung innerhalb des Familiensystems in Gang gesetzt.

„Ich würde sagen, die Familie ist völlig, völlig neu aufgemischt worden, der wesentliche Teil davon oder der Kern für mich ist der: jeder hat sich müssen neu positionieren in der Familie." (B – Mann, S. 5)

„Dann gibt es Reibereien untereinander, die denke ich ganz normal sind, also wenn, egal wo, ein Kind neu in eine Gemeinschaft kommt, dann muss da jeder erst mal seinen Platz finden, und so war es auch beim ..., wie der neu kam, der musste erst mal gucken, ja wo habe ich meine Position hier, da gibt es Reibereien, da gibt es Gefechte, sag ich einmal verbal und nonverbal. Da ist denke ich alles mit drin, was eine gewisse Normalität darstellt, und da ist man einfach stärker gefordert. Das ist klar." (F – Mann, S. 9)

Weiters zeigen sich strukturelle Veränderungen, auf welche Rücksicht genommen werden muss und die den bisherigen Familienrhythmus verändern.

„Also du musst deinen Tagesablauf neu überdenken, passt der auf das, auch auf dieses Kind. Der Tagesrhythmus bei uns ist abgestimmt auf ein Gesamtbild und das Kind, das neu in die Familie kommt, muss ja irgendwie in dieses Gesamtbild hineinpassen." (F – Frau, S. 5)

„Also unserer Familie damals mit zwei noch nicht mal Kindergartenkindern wurde umgewälzt und sollte von heute auf morgen plötzlich Struktur und Rahmen kriegen. Das ging dann klar die erste Woche so zur Eingewöhnung, ab der zweiten Woche Schule, plötzlich Plan, morgens aufstehen mit Schule gehen und Hausaufgabenbetreuung. Das ist also von einem Tag auf den anderen so fast umgeworfen worden und wir mussten strukturieren, wir mussten einen Plan kriegen für unsere Familie, ja." (D – Frau, S. 7)

Auch massive krisenhafte Situationen können auftreten, welche die bisherigen Ressourcen der Familie insgesamt an die Grenzen der Belastung bringen können.
„Ja, die Krise, die ist dann schon gekommen in der Familie, einfach im Laufe der Zeit. Der ... hat einfach viel mehr Kraft und Platz beansprucht, einfach unsere Ressourcen auch großteils verbraucht, darunter haben natürlich unsere leiblichen Kinder gelitten und vor allem die ältere Tochter. Und da ist schon bei mir eigentlich die Überlegung auch gekommen, dass es von mir her eine Fehleinschätzung war grundsätzlich. Ich habe unsere Familie stabiler gesehen vorher, als es sich dann da tatsächlich herausgestellt hat zum damaligen Zeitpunkt." (C – Mann, S. 6)

Es treten auch Selbstzweifel auf, ob die Entscheidung für ein Pflegekind nicht eine zu große Zumutung für die Familie war.
„Mama, Papa, warum habt ihr uns das angetan? Und ich empfinde es zum Teil als wie angetan. Wir haben eben ihnen was angetan, nämlich wir haben ihnen ihre Ruhe, ihr Nest, ihre Stabilität genommen und haben dann einen Faktor mit eingebracht, der das völlig aufgerüttelt hat und umgeworfen hat. Natürlich sehe ich auch die andere Seite, dass sie mit dem groß geworden sind und dass sie an dem gewachsen sind und dass ihnen das auch gut getan hat. Also ich sehe natürlich die Sache schon auch." (B – Mann, S. 7)

Ebenso aber wird der Eintritt eines Pflegekindes als Chance gesehen, welche eine positive Dynamik auslösen kann.
„Also das ist jetzt nichts Negatives, dass wir sagen, ein Kind bringt einen neuen Wind in die Familie, es bringt immer etwas Spannendes und etwas Neues ein, und es ist Bewegung da, es ist Leben da und so mögen wir das eigentlich auch. Du musst flexibel sein und das macht ja eigentlich das Leben und das Pflegeelterndasein, das sich ja vorwiegend zu Hause abspielt mit den Kindern, macht das wesentlich interessanter." (F – Frau, S. 6)

Durch den Eintritt des Pflegekindes in die sozialpädagogische Erziehungsstelle erfährt das Subsystem der Geschwisterebene eine große Veränderung. Verbunden hiermit sind mannigfache Reaktionen bzw. Verhaltensweisen von Seiten der leiblichen Kinder. Es können massive Eifersuchtsmomente auftreten.

„... die Mädchen oft den Eindruck gehabt haben, sie bleiben jetzt plötzlich im Hintergrund, um den kümmert man sich jetzt viel, um uns nicht mehr. Das ist sogar soweit gegangen, dass ich einmal sagen habe müssen zu einer, bevor er geht, gehst du. Also das ist sehr hart gewesen, aber ich habe gewusst, nur das ist jetzt die Chance, dass da endlich einmal eine Ruhe hineinkommt, dass irgendwo ein bisschen die Kritik hinten angehalten wird.“ (E – Mann, S. 5)
„Für die Kinder denke ich, war es ganz massiv - dahingehend, dass sie sich haben müssen neu positionieren und sich einfach damit auseinandersetzen haben müssen. Mama, Papa und wir sind die Kinder und jetzt ist plötzlich noch jemand da, hat man jetzt die lieber oder hat man mich jetzt auch noch lieb, oder bin ich jetzt nicht mehr so wichtig, oder wie ist es, weil jetzt muss ich hinten anstehen, weil vorne steht schon jemand, der was will.“ (B – Mann, S. 6)

Anfangs wird auch die Position einer distanzierten bis ablehnenden Haltung eingenommen.
„Der ... hat sich da eher herausgehalten die erste Zeit, so gesagt quasi, mir ist es recht, wenn ein Pflegekind zu uns kommt, aber ich will quasi nichts damit zu tun haben, das ist nicht meine Sache, also wir leben miteinander, aber er ist nicht mein Bruder oder weiß ich was, und ich bin nicht verpflichtet, den Kinderbub zu spielen oder Kindermädchen.“ (C – Mann, S. 5)
„Wieso wird mit der soviel gemacht, und wenn sie das eigentlich gar nicht zu schätzen weiß. Weil sie macht Probleme und sie macht unsere Familie kaputt.“ (B – Frau, S. 6)

Von den leiblichen Kindern kann aber auch eine offene und bejahende Haltung zu den Pflegekindern eingenommen werden.
„Sie hat das damals gar nicht so tangiert, die war sehr offen mit ihren 2½ Jahren, unvorbelastet sage ich mal, ist sehr offen und herzlich auf ... zugegangen, hat da immer wieder den Kontakt zu ihm gesucht, also sie war sehr offen ihn reinzuholen, ja ich lass dich hier rein, herzlich willkommen, er konnte es zwar nicht annehmen, aber ihre Haltung hat sie beibehalten.“ (D – Frau, S. 6)
„Die Mädels, also jetzt die „Stammkinder“, dass die das eigentlich von klein auf gekannt haben, dass bei uns immer ein Kind noch Platz hat. Also sie sind da ganz offen und nehmen das auch als selbstverständlich eigentlich. Es war für sie kein Thema.“ (A – Frau, S. 4)

Als positiv für den Integrationsprozess eines Pflegekindes erweist sich der Dialog mit den Kindern vor der Aufnahme.
„Also das müssen wir uns vorher gut miteinander anschauen, die werden da auch miteinbezogen. Also die letztendliche Entscheidung treffen wir, aber wir müssen vorher

unsere Kinder darauf vorbereiten, mit ihnen sprechen, ich möchte sie nicht ins kalte Wasser schmeißen, denn sie müssen sehr viel mittragen." (F – Frau, S. 4)

„Es wird dann bei uns ja auch offen diskutiert, was haltet ihr davon, wie sieht es aus, findest du den sympathisch, wie habt ihr gespielt, konntet ihr zusammen spielen, also es wird recht offen bei uns diskutiert, und da kann jeder so seine Stimme erheben und sagen, gefällt mir nicht oder wie auch immer, versuchen wir offen zu gestalten und ja ist gut, wenn man das so anbahnt." (F – Mann, S.7)

Auf Seiten der sozialpädagogischen Erziehungsstellen-Eltern treten mit der Aufnahme eines Pflegekindes neue Herausforderungen auf, welche eine hohe Anforderung an das pflegeelterliche Bewältigungspotential stellen.

„Wenn wir früher ,in unserer Harmonie drinnen, einfach noch Luft gehabt haben, an einem Sonntag irgendetwas zu tun, wo wir Lust und Laune gehabt haben, dann haben wir irgendwann am Sonntag keine Nerven mehr gehabt, irgendetwas zu tun, weil wir einfach keine Energie mehr gehabt haben. Solche Dinge, die sich natürlich auf die Beziehung ausgewirkt haben, keine Frage." (B – Mann, S. 6)

Als umso wichtiger wird es empfunden, sich auf der Elternteam-Ebene komplementär zu stützen. *„Das ist so weit gegangen, dass wir fast einen Schichtbetrieb gemacht haben, wenn der eine nicht mehr können hat, hat der andre übernommen, das hat eigentlich gut funktioniert."* (E – Mann, S. 8)

„Ja, es hat eigentlich zwischen ... und mir sehr viel engere Kontakte gegeben, ja da haben wir gemerkt, dass wir sehr viel miteinander arbeiten und viel mehr uns unterstützen als früher, und das ist wirklich intensiver geworden." (C – Frau, S. 5)

„Ja, auf der Elternebene habe ich es als klar empfunden, wir haben zusammen gearbeitet, wir haben gewusst, ziemlich genau gewusst, was wir wollen und was wir nicht wollen." (C – Mann, S. 5)

Ein weiterer wichtiger Impuls, welcher auf der Elternteam-Ebene ausgelöst wird, ist die Intensivierung der Dialog- und Reflexionsbereitschaft.

„Und bei uns auf der Eltern-, auf der Paar-Ebene, hat sich insofern etwas verändert, dass man wesentlich mehr über Erziehung redet. Man setzt sich auseinander, man diskutiert, was ich glaube man nicht macht, wenn man so eigene Kinder hat, also das tust du erst in dem Moment, wo ein fremdes Kind, wo auch eine Institution eigentlich mit in die Familie kommt, wo man immer wieder reflektieren muss und überlegen muss, wie ist denn das, was mag wohl in dem Kind vorgehen. Du bleibst wesentlich enger als Eltern in Kontakt über die Kinder zu reden, zu reflektieren, dein eigenes Verhalten zu reflektieren, anzuschauen." (B – Frau, S. 4)

„Wir haben uns natürlich mehr besprochen, ich meine das war ja ein ganz neues Thema und wir mussten ja auch gemeinsam entscheiden, wie gehen wir mit dem oder mit dem um. Wir mussten einen gemeinsamen Nenner finden mit den Problematiken und Verhaltensweisen, die da auf uns zukommen, umzugehen." (D – Frau, S. 8)
„Und man muss sich natürlich auch untereinander auseinandersetzen. Wie gehen wir mit dem Problem um, oder wie reagieren wir da, wie wollen wir das handhaben? Also es gibt mehr Diskussionsstoff." (A – Frau, S. 5)

16.4 Reaktionen des sozialen Umfeldes

Die Reaktionen des sozialen Umfeldes bezüglich der Aufnahme eines Pflegekindes fallen für die sozialpädagogischen Erziehungsstellen-Eltern sehr heterogen aus. Es kommt vor, dass auf Seiten der Erziehungsstellen-Eltern ein Rechtfertigungsdruck entsteht bezüglich des pädagogischen Handelns.
„Und da war es dann wirklich so, dass ich dann manchmal das Gefühl gehabt habe, ich bin so in dieser Rechtfertigungsphase. Ich muss mich rechtfertigen, warum er jetzt, was weiß ich, nicht zum Schi fahren gehen darf oder was auch immer, warum jetzt Sanktionen gesetzt worden sind." (A – Frau, S. 6)
„Am Anfang war ganz viel Interesse da, ja dann kam irgendwann ein Hinterfragen so nach dem Motto: Das nennt ihr Erziehungsstellen, und: Was macht ihr da überhaupt, ihr seid zu streng und ihr seid ungerecht. Und sich ganz viele auf einmal berufen fühlten, sich einzumischen, Feedbacks zu geben, ‚Hilfestellung' zu geben und also jeder auf einmal mitreden wollte, so nach dem Motto, wenn ihr so etwas macht, dann müsst ihr auch damit rechnen, dass andere sich einmischen." (B – Frau, S. 6)

Umso wichtiger ist es sodann, sich solchen Impulsen gegenüber abzugrenzen bzw. sich davor zu schützen.
„Also das Umfeld hat nicht verstanden, dass er ganz enge Strukturen auch braucht und dass er auch wirklich, dass Grenzen gesetzt werden müssen, eben auch mit Sanktionen, das war für sie unverständlich. Und eine Zeit habe ich wirklich immer gedacht, ich muss das aber erklären, aber das schminkt man sich dann ab." (A – Frau, S. 6)
„So am Anfang und nachdem wir nun doch sehr ländlich leben, glauben viele Leute sich berufen zu fühlen, dass sie kluge Ratschläge geben, ohne wirklich den Einblick zu haben. Und wir dann auch irgendwann gesagt haben, Schaufenster ja, aber wir grenzen uns da eher ab, also ich diskutiere nicht mit Nachbarn, wann ich jetzt ein Pflegekind habe, das tue ich nicht." (B – Frau, S. 8)

Öfters reagiert die Verwandtschaft anfangs auch mit einer gewissen Skepsis in Bezug auf das Pflegekind.

„Wieso tut ihr euch das an, ... so implizit, wir tun uns da was an, das war ganz interessant, weil wir das einfach komplett anders gesehen haben, wir haben gerne Kinder und sind gerne für sie da, ist ein ganz anderer Blick drauf, und da war ein bisschen so ein Erklärungsbedarf da, denke ich, hinsichtlich der Verwandtschaft." (F – Mann, S. 9)
„Jetzt so bei nahen Verwandten, also Oma-Opa-Geschichten, es schon gewöhnungsbedürftig ist, ja. Ich meine, die Gefühle waren nicht so da wie zu unseren Kindern." (D – Frau, S. 9)
„Aber gerade von den Eltern oder von den Müttern, meiner Mutter oder von der Schwiegermutter her waren eher Bedenken, dass wir uns das antun." (E – Frau, S. 5)

Aber es werden den sozialpädagogischen Erziehungsstellen auch Anerkennung und positive Rückmeldungen entgegengebracht.
„Zum Teil ist auch sehr viel Anerkennung gekommen, im Sinne also, dass ihr so etwas macht, einen Applaus haben wir dafür bekommen." (B – Mann, S. 7)
„Er ist gleich sehr gut aufgenommen worden von den Nachbarn." (C – Frau, S. 7)
„Durchwegs positiv. Also ich habe überhaupt nichts gehört, wo irgendjemand mir abgeraten hätte. Skeptisch gab es im Sinne von: Werdet ihr euch das wirklich antun, ja, aber immer positiv besetzt, also immer bestärkend." (C – Mann, S. 7)
„Von der Nachbarschaft habe ich es eigentlich als positiv erlebt." (E – Frau, S. 5)
„Die Verwandtschaft eigentlich rundum war kein Problem, meine Freunde auch nicht, also nein, es ist eigentlich recht gut gegangen." (E – Mann, S. 7)

16.5 Beobachtbare Herausforderungen und Ambivalenzen mit Fortdauer des Pflegeverhältnisses

Mit Fortdauer der Betreuung wird die sozialpädagogische Erziehungsstelle zur Plattform von Agitationen des Pflegekindes.
„Spannender wird die Geschichte dann natürlich, wenn es daheim ist, weil man es dann einfach halt sieben Tage die Woche hat, 24 Stunden, und da musste ich halt auch, da musste auch ich ganz viel lernen, dass ich mich von gewissen Verhaltensweisen nicht so unter die Decke kriegen lasse (...) und das, das kann es ja auch nicht sein oder, und also trotz, trotz pädagogischer Ausbildung und allem, aber es ist dann eben noch das Familienleben und der Alltag und du kannst eben - nach acht Stunden gehst du nicht heim, du hast ihn immer. Und da ist das natürlich auch schwierig." (A – Frau, S. 8)
„Er hat ja immer wieder Probleme, auch mit meinen leiblichen Kindern. Er fühlt sich zurückgesetzt, er fühlt sich nicht so wertgeschätzt, er fühlt sich nicht geliebt, und das lässt er natürlich dann auch die Kinder spüren." (D – Frau, S. 12)
„Aber ... in dem Moment, wo es in der Familie drinnen passiert, gibt es ganz viele Situationen, wo es nicht mehr professionell, sondern wo es ganz intuitiv abläuft, weil ganz,

ganz viele Emotionen da drinnen sind. Du fängst an, dieses Kind zu mögen und es gehört dazu, du kämpfst auch darum, du kämpfst mit den anderen Kindern und für die anderen Kinder, und überhaupt für die ganze Familie, dass das einigermaßen funktioniert und läuft." (B – Frau, S. 9)

Die sozialpädagogischen Erziehungsstellen-Eltern müssen in der Lage sein, sich zusehends in ‚unverständliche Verhaltensweisen' der Pflegekinder hineinzudenken. *„Unverständlich im Sinne von, warum muss das jetzt sein, aber nicht unverständlich, warum er es tut. Er hat einfach keine anderen Ressourcen zur Verfügung, keine anderen Strategien, das sind alte Muster, die eingeschliffen sind, und er hat noch keine neuen und somit ist es nicht unverständlich."* (C – Mann, S. 8)

Es müssen neue Konfliktlösungsmodelle erarbeitet werden.
„Ganz generell ist es denke ich so, die größte Herausforderung, für beide Richtungen ist einfach, permanent neue Weg zu suchen, um auftretende Konfrontationen nicht in alten Schemata zu behandeln, sondern immer wieder neue Lösungen zu suchen. (...) Nur wenn man Konfrontationen irgendwie wieder anders versucht zu lösen, bringt es sie weiter." (B – Mann, S. 8)
Auf Seiten der Pflegekinder können massive Übertragungsphänomene auftreten.
„Das ist, weil da hat ganz viel eigentlich gar nicht mir gegolten, sondern halt der Mama, die nicht greifbar war oder die halt was versprochen hat und wieder nicht gehalten hat, oder wo ihn vielleicht irgendetwas, was ich gesagt habe oder getan habe, an sie erinnert hat oder was auch immer." (A – Frau, S. 9)
„Also es ist ein ganz großer Balanceakt, weil man sich vielen Dingen immer wieder aus der Situation raus stellen muss und überlegen muss, gehört das mir, was da passiert oder gehört es nicht mir. (...) Und das ist ein ganz, ganz großer Balanceakt. Und wir oder jetzt ich persönlich das am Anfang nicht so gut geschafft habe, wie später." (B – Frau, S. 8)

Es gilt einerseits neu entstandene Wirkungszusammenhänge zu erkennen ...
„Und dann halt auch schauen, was sind die, was war der Ausschlag für dieses Verhalten zum Beispiel, das schon zu hinterfragen. Und ganz oft bin ich auch draufgekommen, es liegt gar nicht an mir, sondern es ist eigentlich das Frauenbild, das der ... hatte, und das dann auch nicht persönlich zu nehmen." (A – Frau, S. 8)

... und andererseits vordergründiges dysfunktionales Verhalten des Pflegekindes in neue Erklärungsmodelle zu gießen.
„Versuch nicht den ... zu verändern, weil hinter seiner Aktion steckt ja was, sondern Versuch durch Veränderung meiner Haltung ihm gegenüber etwas zu ändern. Und wenn

ich dann ganz bewusst mehr Wertschätzung ihm gegenüber bringe, dann kann ich da schon ganz auf eine andere Ebene.“ (D – Frau, S. 13)

Um der Verhaltensweise der Pflegekinder gerecht zu werden, ist es notwendig, eine grundsätzliche Offenheit zu entwickeln ….
„Ich denke von meiner Grundhaltung ist es eher so, dass du einen Menschen nimmst, wie er ist, und dass du ihn da abholst, wo er steht.“ (F – Frau, S. 7),

… Offenheit, die mit einer pädagogischen Flexibilität einher geht.
„Oftmals erlebe ich ihn als sehr klein und behandle ihn dann entsprechend, und manchmal erlebe ich ihn dann als sehr groß und behandle ihn dann einfach auch entsprechend. Also nicht so sehr aus meinen Konzepten heraus, weil ich da einfach das Gefühl habe, ich verrenne mich sehr schnell.“ (E – Frau, S. 7)

Weiters ist es dienlich, sein eigenes Handeln zu hinterfragen.
„Es gibt natürlich Situationen, oder gab Situationen in der Vergangenheit, die teilweise schon eskaliert sind, wo ich mich gefragt habe, was war das jetzt, ja zu was habe ich mich jetzt hinreißen lassen, oder was hätte ich jetzt professioneller machen können.“ (D – Frau, S. 12)
„Ja und da sind halt ein paar Sachen vorgekommen, sei es dass etwas kaputt gemacht worden ist, wo wir eigentlich gar nicht gekannt haben bis dahin, und da habe ich oft am Anfang sehr heftig reagiert, bis ich dann draufgekommen bin, das ist genau das Falsche. Also dann hat bei mir auch ein Umdenkungsprozess eingesetzt, wo ich mir gedacht habe, das kann ja nicht sein, dass ich ihm das beibringe, was er eigentlich nicht haben sollte.“ (E – Mann, S. 10)

Von Vorteil ist es, für neue Lernerfahrungen offen zu sein.
„Der wesentliche Teil ist der, dass ich an mir selber gearbeitet habe, dass ich versucht habe zu lernen, nicht nur spontan emotional zu agieren, sondern, dass ich versucht habe, ja, zu lernen.“ (B – Mann, S. 9)
„Aber ich muss echt sagen, man lernt unglaublich viel daraus, selber mit dem Kind und das Kind wiederum profitiert auch davon, das ist schon eine tolle, tolle Erfahrung, muss ich echt sagen.“ (E – Mann, S. 10)

Auf Seiten der sozialpädagogischen Erziehungsstellen-Eltern treten massive Herausforderungen auf, die Phänomene von tiefen persönlichen emotionalen Grenzerfahrungen mit sich bringen. Sie stoßen an ihre körperlichen Grenzen.
„Ich bin schon immer wieder an meine Grenzen gestoßen (...), weil manchmal ist es so: du hast einfach den Rand voll und denkst dir, jetzt packe ich ihm das Köfferchen. Es sind halt

auch immer diese Wellenbewegungen, oder wenn du dann so in einem Tal drinnen hockst, dann ist es manchmal schon schwierig zum Aushalten. Da ist es halt einfach wichtig, dass du einen Partner hast, dass du dir deine Auszeit nehmen kannst, dass man durchschnaufen kann." (A – Frau, S. 9)

„... diese Kinder auch ein Phänomen haben, dass sie unsere Schwachpunkte mit 150%iger Sicherheit finden und diese drücken und zwar mit Bravour drücken, also Knöpfe drücken sagt man, und sie finden sie immer. Hauen da auch voll drauf und man versucht, diese Knöpfe zu blockieren, auszusteigen, mit dem Partner zu reden, dass man das zusammen macht und sagt dann, okay, du ich kann nicht mehr, mach du weiter." (B – Frau, S. 9)

Erlebnisse von Ohnmacht werden wahrgenommen.

„Ja, in Krisensituationen, so wenn die Spitze der Krise da ist, oder kurz davor, da ist eine gewisse Ohnmacht da, und da komme ich eher in den Konflikt zwischen der Vaterrolle einerseits und der professionellen Rolle andererseits. Weil Vaterrolle irgendwo die wohlwollende, bodenständige ist, sage ich jetzt einmal, wo man vielleicht einmal lauter wird, und das Unverständnis auch einfach hinausschreit oder wie auch immer, und die Expertenrolle dort, die professionelle, wo alles mit Besprechen ist, mit: ja schon gut, werden wir schon wieder hinkriegen, einfach professionell." (C – Mann, S. 8)

„Wir haben auch gewusst, wir sind eigentlich die Erzieher, wir sollten das im Griff haben, haben auch erkannt, dass wir an unsere Grenzen kommen, wo wir einfach anstehen. Wenn du 14 Tage ein Kind im Zelt liegen hast, das jeden Tag schreit und einfach sich auf die Straße hockt und bockt und sagt, ich tu nicht, ich mag nicht, ich mach nicht und das 14 Tage von drei Wochen und eigentlich Urlaub." (B – Mann, S. 11)

Ebenso stellen sich Versagensängste ein.

„Dann weil ich das nicht konnte, ist wieder das gekommen, ich bin nichts, du kannst es immer besser, was braucht es mich da, mach das allein, also so Konflikte." (C - Frau, S. 11)

Und die Erkenntnis wird gemacht, dass eine hohe Dosis an Selbstkontrolle vonnöten ist, um die Herausforderungen zu meistern.

„Immer noch innerlich schwer ist, wenn er in seinem Provokationsanfall mir gegenüber androht, meinen Kindern weh zu tun. Also das ist der Punkt, wo ich zwar jetzt sage, vom Kopf her weiß, dass ist auch seine Taktik mir weh zu tun, und es tut mir weh, und wo ich wirklich unter absoluter Selbstkontrolle handeln muss. Also da muss ich wirklich mich im Griff haben und muss das einfach abhaken als noch eine Provokation mehr." (D – Frau, S 13)

Dennoch bleiben Unsicherheiten vorhanden:

„Also da ist immer eine unterschiedliche Nähe da, und das macht es dann einfach schwieriger." (F – Mann, S. 11)
„Also wenn er agiert, weiß ich oft nicht, was ist wirklich dahinter. Ist es nur ein schlechter Traum oder ist irgendetwas vorgefallen in der Schule, ich weiß nicht, was da wirklich dahinter ist. Ich verstehe es dann einfach nicht und dann ist für mich einfach wichtig, ihn offen anzuschauen und ihm dann, wenn er jetzt schlimm war oder daneben war, in den Arm nehmen zu können und trotzdem streicheln zu können, aber ihn gleichzeitig dann auch ins Zimmer schicken zu können." (E – Frau, S. 8)

Um diese intensiven Herausforderungen adäquat als sozialpädagogische Erziehungsstellen-Eltern bewältigen zu können, ist ein hohes Maß an Wertschätzung für das Pflegekind vonnöten.
„Es ist egal, was es ist, dass er einfach spüren kann, was er dann oft nicht spürt, dass man ihn trotz allem mag, dass man ihn trotz allem nimmt, so wie er ist, nur dieser Teil, der ist eben nicht in Ordnung, an dem muss man einfach die ganze Zeit über dranbleiben." (E – Frau, S. 8)

Die Bedeutung der Fähigkeit, empathisch auf das Pflegekind einzugehen:
„Dann versuche ich eigentlich nur durch das Verständnis ..., warum reagiert das Kind jetzt entsprechend, warum reagiert er jetzt so aggressiv, wenn er Hausaufgaben machen soll usw. und das hilft auch schon ganz viel, wenn man Verständnis hat, wenn man dann nicht sich auf den Kampf einlässt und gegen das Kind arbeitet, sondern wenn man dann einfach nur sagt, ich verstehe dich." (F – Frau, S. 9)

Und befriedigend kann es sein, wenn man Entwicklungsfortschritte beim Pflegekind erkennen kann, die einem wieder Motivation für die tägliche Arbeit geben.
„Ich habe mir dann auch angewöhnt zu vergleichen, wie war es damals, als er bei uns angekommen ist, wie war damals der Stand der Dinge und wie weit ist die Entwicklung eigentlich schon fortgeschritten. Und das hat dann auch immer wieder neuen Auftrieb gegeben, weil ich dann Fortschritte erkennen habe können. Das muss man sich eben in dem Moment, wo du so in einem Tal drinnen hockst, so ganz bewusst vor Augen halten: Was haben wir eigentlich schon bis jetzt alles erreicht, und was hat der ... eigentlich erreicht. Wie weit ist seine Entwicklung fortgeschritten, was kann er jetzt schon alles, oder was läuft einfach schon viel besser im Vergleich zum Anfang." (A – Frau, S. 10)

16.6 Bindung

Die in den sozialpädagogischen Erziehungsstellen untergebrachten Pflegekinder bringen aufgrund ihrer negativen Erfahrungen in der Vergangenheit, ein großes Bedürfnis nach stabiler und berechenbarer Bindung mit.

„Höhen und Tiefen, das spielt keine Rolle, aber man ist immer da, und genau das braucht er. Das hat ihm ja gefehlt. Er hat in dieser Richtung schon so viele Dinge miterlebt und es kommt jetzt teilweise zum Vorschein, wo er erzählt, was da alles gewesen ist, und das ist ja nicht gerade schön, muss ich sagen. Und bei uns ist das alles anders, da hat er auch jemand, dem er es erzählen kann, der ihm zuhört und wo ihm dann das Gefühl zurückgibt, da bin ich geborgen, auch wenn es einmal nicht so gut läuft, es kommt dann ziemlich schnell, wie gern er uns hat." (E – Mann, S. 16)

Es zeigt sich, dass es für das Pflegekind oft nicht einfach ist, das neue Bindungsangebot anzunehmen.

„Es ist so, das Bindungsangebot von uns war in dem Moment klar, wo wir gesagt haben, wir nehmen dieses Pflegekind. ... das auch mit Haut und Haar angenommen hat, auch immer noch mit Haut und Haaren nimmt. Sie kann aber sehr schwer Bindung eingehen, also sie hat Löcher, die wir nicht stopfen können." (B – Frau, S. 11)

Auf Seiten der Pflegekinder treten häufig emotionale Schwankungen auf, in denen die gewachsenen Bindungen in Frage gestellt werden.

„Was jetzt schon einmal bis zu einem Jahr ging, wo ich mit dem ... eine sehr distanzierte Beziehung hatte, sehr ablehnend auch von ihm mir gegenüber, was eben dann bis zu Gewalttätigkeiten ging, wo es mir dann auch schwer fällt wirklich, Wertschätzung und Anerkennung demgegenüber zu bringen, wenn man noch drinnen steckt. Wenn man es einmal durchblickt, was da abläuft, dann ist es wieder einfacher. Aber solange das unklar ist und überhaupt keinen Faden hat: Ja was soll das denn jetzt, habe ich jetzt etwas falsch gemacht oder wo kommt dieses Verhalten plötzlich her, es lief doch gut. (...) Dann ist es einfach auch schwer, jemandem Wertschätzung entgegenzubringen und einfach auch Beziehung aufzubauen oder zu halten, die schon da war, es ist schwierig, ja." (D – Frau, S. 16)

Es wird mittels dysfunktionalen Agierens von den Pflegekindern überprüft, ob die neue Bindung auch tatsächlich Belastungen aushält.

„Wir haben im Rahmen unserer Gespräche und Reflexionen und all der Dinge, dann auch glaube ich festgestellt, dass die ... auch einige Aktionen gesetzt hat, ganz bewusst gesetzt hat, um Grenzen zu überschreiten, um festzustellen, was passiert dann, wenn ich das tue. Schicken sie mich dann heim oder zurück, was passiert dann?" (B – Mann, S. 12)

Trotz dieser auftretenden Ambivalenzen bei den Pflegekindern wird die Entwicklung einer Bindung zwischen sozialpädagogischen Erziehungsstellen-Eltern und Pflegekind als absolute Notwendigkeit erachtet.

„*Ja, ich denke, die Bindung ist nicht planbar, aber sie ist unbedingt notwendig. Wenn keine Bindung zustande kommt, kann ich mir die Arbeit nicht vorstellen. Also dann wird es, dann ist es keine sozialpädagogische Erziehungsstelle, sondern dann ist es irgendein anderes System im Sinne von Krisenplatz vielleicht, oder wie auch immer man das titulieren will, aber ich meine, es ist keine Familie.*" (C – Mann, S. 9)

„*Ich denke, wenn das Bedürfnis danach, ein Kind aufzunehmen, auch diese Bindung passieren zu lassen, nicht da wäre, wäre der ... nicht bei uns. Das ist ein Bedürfnis von unserer Seite genauso. (...) Es ist mir klar und wichtig, dass der ... genauso wie ein eigenes Kind, in dem Sinn habe ich die gleiche Verpflichtung ihm gegenüber wie meinen Kindern und möchte ihm das Gleiche einfach mitgeben, dass er lebenstüchtig wird.*" (E – Frau, S. 9)

„*Immer wieder im Hinterkopf haben, die Kinder gehören dir nicht, also die Bindung ist wichtig, ich gebe jetzt dem Kind das, was es braucht.*" (F – Frau, S. 9)

„*Ich denke, das ist eine ganz wichtige Komponente, dass das Kind merkt, es ist angenommen und aufgehoben, es gibt dem Kind einfach eine gewisse Nestwärme, was unheimlich wichtig ist für sein Leben, für sein Werden, für seinen Werdegang.*" (F – Mann, S. 13)

Als förderndes Moment für die Entstehung von Bindung erweist sich der Faktor Zeit, welcher sich positiv auf die Bindungsdynamik auswirkt.

„*Der ... war halt einfach schon 8 Jahre, als er zu uns kam mit diesem ganzen Rucksack, den er da bei sich trägt. Und das war natürlich eine ganz andere Beziehung und das hat auch länger gebraucht, bis da eine Beziehung, also auch im Laufe der Zeit eben eine Bindung zustande gekommen ist. Aber da habe ich wiederum keinen Druck gemacht, das ist in Ordnung so, also für uns, für uns war das so okay.*" (A – Frau, S. 11)

„*Ja, es ist klar, man kann nicht sagen, so jetzt ist das Kind da, jetzt habe ich ihn gern. Es muss schon die Freiheit da sein, ob dich irgendwas zusammenbindet. Es hätte wirklich sein können, dass ich den ... gar nicht vertrage und sage, also mit dem kann ich nichts machen.*" (C – Frau, S. 15)

„*Dinge müssen wachsen und am Anfang habe ich mir das schwer vorstellen können, weil ich zurück, weiter zurückgehen muss. Als ich ihn ganz zum ersten Mal gesehen hab, bin ich eigentlich ein bisschen erschrocken gewesen. Das Kind hat mir nicht gefallen so recht, weil die roten Flecken da und überhaupt der etwas harte Gesichtsausdruck – da habe ich mir gedacht, oje, das schaut nicht so gut aus. Jetzt im Laufe der Jahre hat sich das aber gewandelt, ich mache eigentlich keinen Unterschied mehr zwischen einem eigenen Kind und dem fremden Kind."* (E – Mann, S. 15)

Ebenso kann ein klares Ja zum Pflegekind von Seiten der sozialpädagogischen Erziehungsstellen-Eltern zu einer sicheren und gedeihlichen Bindung führen.
„Diese emotionale Bindung ist überhaupt kein Unterschied, die gleichen Gefühle, auch die gleiche Verpflichtung wie für meine Kinder. Die Wertschätzung und die Liebe, wenn das nicht da ist, wenn keine Liebe zu Kindern da ist, kann man das einfach nicht machen." (E – Frau, S. 10)
„Dann haben wir das Ganze eigentlich dahingehend umgedreht, dass wir in Situationen, in denen wir wirklich an den Rand gekommen sind, wo wir gesagt haben, liebe ... , so wie es läuft, ist es schlecht und ist nicht gut, aber trotzdem behalten wir dich und haben das einfach ganz klar artikuliert, und das ist einige Male oder relativ oft so gelaufen, und ich denke: schlussendlich ist es für ... wichtig gewesen, einfach zu erkennen, selbst wenn ich einen Blödsinn mache, bin ich daheim und ich bleibe daheim, auch mit Fehlern bleibt es dabei." (B – Mann, S. 12)
„Wie gesagt, Unterschied gibt es eigentlich keinen, ich habe ihn so gern, ich möchte ihn nicht missen, als wenn er immer schon da gewesen wäre." (E – Mann, S. 15)

Es zeigt sich auch, dass es wichtig ist, bezüglich der zu erwartenden emotionalen Rückmeldungen von Seiten des Pflegekindes eine realistische Erwartungshaltung zu entwickeln.
„Dieser Rückfluss ist etwas sehr Wichtiges, für alle Pflegefamilien, denke ich mir. Das Weitermachen, so diese Dankbarkeit erwarten darfst du nicht, das ist es nicht. Du kannst erwarten, dass du ein Lächeln bekommst irgendwann, dass du irgendwann in den Arm genommen wirst und jemand sagt, ich hab dich lieb, aber so jetzt diese unbegrenzte Liebe, die dir die eigenen Kinder entgegenbringen, die kriegst du von einem Pflegekind oder haben wir von ... nicht so bekommen, obwohl ich glaube, sie fühlt sich bei uns wohl und sie ist bei uns zu Hause, es ist so, da gehört sie hin." (B – Frau, S. 12)

Es gilt, als Pflegeelternteil ein realistisches Rollenverständnis zu entwickeln, um nicht vom Pflegekind enttäuscht zu werden.
„Wenn ich mich nur vom Bauch heraus emotional auf die Kinder einlasse, dann kann es später einmal ziemlich Probleme geben, also ich muss mir meiner Rolle immer bewusst sein. Ich bin die Pflegemutter und es gibt da noch leibliche Eltern, die haben im Herzen des Kindes einen wesentlich höheren Stellenwert, und ich habe nicht den Anspruch, von dem Kind vergöttert, geliebt oder wie auch immer zu werden, sondern ich gebe dem Kind lediglich das, was es jetzt braucht, und da hat ein Prozess stattgefunden. Wir mussten

natürlich auch erst solche Erfahrungen machen und ich denke, inzwischen können wir das ganz gut. Da haben wir gelernt." (F – Frau, S. 9)

Ist der Bindungsprozess schon fortgeschritten, so identifiziert sich das Pflegekind zusehends mit der sozialpädagogischen Erziehungsstelle.
„Aber ich denke mir, die Bindung ist sehr stabil geworden und du merkst es auch, wenn er erzählt bei anderen Leuten. Du kommst einmal ins Gespräch mit denen, für ihn ist hier und wir, sind wir seine Familie und sein Daheim, auch wenn sie ihn fragen, wo gehörst denn du hin, ja dann zu uns." (A – Frau, S. 11)
„Dann ist auch schon einmal die Frage gekommen, ob er weiter, ob er später einmal weiter hier wohnen könne oder wie oder was, also er denkt mehr nach, als man glaubt, und solche Dinge beschäftigen ihn, was passiert einmal. Und dann muss man sehr vorsichtig sein und aufpassen, was man sagt. Also ihm nie das Gefühl geben, nach 18 kannst du gehen, bist du fort." (E – Mann, S. 16)

Sollte jedoch keine tragfähige Bindung entstehen, muss auch der Mut vorhanden sein, im Sinne aller Betroffenen, die Zusammenarbeit zu beenden.
„Ein ganz wichtiger Punkt ist mir, wenn das gegen das Wohl des Kindes geht oder gegen das Wohl der Familie oder einzelner Familienmitglieder, dass jemand so darunter leidet, dass es einfach nicht mehr machbar ist, dann muss man das beenden. Das heißt für mich nicht abbrechen, sondern das geplant beenden. Aber dann muss man einfach sagen, es muss eine Möglichkeit für den Ausstieg für alle Beteiligten geben." (C – Mann, S. 9)

Für die Phase der Beendigung sollte jedoch genügend Zeit vorhanden sein.
„Am Anfang dachte ich immer, das ist überhaupt kein Problem, weil es sind ja nicht meine Kinder, und dann ist es ganz einfach, dann gehen die halt wieder. So einfach kann man es aber nicht machen. (...) Man braucht einfach einen gewissen Abnabelungsprozess und, wenn es abrupt geht, dann ist es eher schwierig, weil man da sich nicht mental darauf einstellen kann." (F – Mann, S. 13)

16.7 Erfahrungen der sozialpädagogischen Erziehungsstellen als Ergänzungsfamilie

Das Selbstverständnis der sozialpädagogischen Erziehungsstellen als Ergänzungsfamilie wird von den Erziehungsstellen-Eltern, komplementär zu den bisherigen Bindungen und Beziehungen des Kindes, als positiv und konstruktiv erlebt.
„Ich denke, jedes Kind hat eine Herkunftsfamilie und es ist gut, wenn da immer der Kontakt da ist, ich finde es auch durchaus positiv zu sagen, es ist keine Ersatz-, sondern eine Ergänzungsfamilie, weil die größte Gefahr ist, glaube ich, dass eine Pflegefamilie jetzt einmal ganz allgemein sich als Ersatz sieht." (F – Mann, S. 15)
„Ich denke mir, dass diese Erziehungsstelle die Beziehung zur Herkunftsfamilie eigentlich vereinfacht, weil da diese Konkurrenzsituation der Mütter, sage ich jetzt einmal, nicht gegeben ist. (...) Das war eigentlich bei ... Mama: die hat das auch sehr gut verstanden, dass das eine professionelle Betreuung ist." (A – Frau, S. 13)

Durch den Prozess der Annäherung zwischen der sozialpädagogischen Erziehungsstelle und den leiblichen Eltern können realistische gegenseitige Erwartungen entstehen.
„Im Laufe der Zeit haben alle Beteiligten gemerkt, dass wir alle gemeinsam das Beste wollen und dass wir uns gegenseitig schätzen, mit all den Fehlern, die alle Beteiligten machen, und es hat sich einfach herausgestellt, dass wir grundsätzlich dasselbe wollen, dass wir grundsätzlich miteinander arbeiten. (...) Für uns ganz klar sichtbar ist, die Eltern wollen, wollen wirklich da das Beste tun, sind aber oft einfach nicht in der Lage dazu, sie können es nicht. Die Bereitschaft ist da, sie wüssten theoretisch wie, aber in der praktischen Umsetzung funktioniert es nachher nicht." (C – Mann, S. 11)

Die Möglichkeit der Aufrechterhaltung von Kontakten zu den leiblichen Bezugspersonen wird für die Pflegekinder als Bereicherung erlebt.
„Trotz auch der negativen Erfahrungen, er kennt ja den Unterschied mittlerweile. Nachdem er bei uns sesshaft und integriert ist und sich wohl fühlt, hat er damit überhaupt kein Problem, dass es auch die Seite gibt und die Seite gibt, so sehe ich das. Aber es ist eine sehr große Bereicherung, ja, für ihn." (E – Mann, S. 20)

Mögliche auftretende Konkurrenzsituationen werden vermieden.
„Das war für den ... auch leichter, dass da keine Konkurrenzsituation vorgeherrscht hat. Er hat gewusst, seine Mama kann ihn nicht betreuen." (A - Frau, S. 13)

Möglichen Rollenkonflikten wird entgegen gesteuert.
„Er weiß genau, wann Heimwochenende ist, wann er nach Hause kommt, was er sich da leisten kann und was er sich hier leisten kann, er macht Unterschiede und durch die

Regelmäßigkeit hat er die Sicherheit und muss nicht um die Liebe seiner Mutter kämpfen. Er ist nicht unbedingt in einem Rollenkonflikt drin.“ (F – Frau, S. 11)

Zudem wird für das Kind Klarheit geschaffen.

„Auf jeden Fall ist es für ihn hilfreich. Ich denke insgesamt: ein Kind kann auch viel besser damit umgehen, wenn klar ist: okay, ich habe zwei Welten. Wenn diese Welten aufeinanderprallen, wenn diese Welten im Grunde nebeneinander existieren, und es entsteht da kein Druck, kann ein Kind gut damit klar kommen, denke ich.“ (F – Mann, S. 16)

Auf Seiten der sozialpädagogischen Erziehungsstellen wird zudem die Erfahrung gemacht, dass ein erweitertes funktionales Eltern-Subsystem für die Entwicklung des Pflegekindes gut genützt werden kann.

„Und da merken wir einfach, dass das für uns auch eine gute Unterstützung ist, wenn wir von daheim auch die Bereitschaft kriegen, wir ziehen am gleichen Strang, auf der gleichen Seite.“ (C – Mann, S. 12)

„Ziel muss schon sein zu sagen, man findet eine gemeinsame Ebene, auf der man sich bewegt, man hat quasi einen Schulterschluss, zwischen Herkunftsfamilie und SES-Familie. Das ist für das ganze System förderlich.“ (F – Mann, S. 15)

Ebenso können die gemeinsamen Kontakte für die pädagogische Arbeit mit dem Pflegekind synergetisch genützt werden.

„Sobald der ... eben spürt, dass wir gut zusammenarbeiten und in Kontakt sind, dass wir uns absprechen, das ist einfach wichtig und grundlegend, dass er merkt, nicht dass da zwei Parteien sind, sondern dass die einfach zusammen hinter ihm stehen. Das ist schon ein sehr guter Aspekt, den ich hier habe, also das ist glaube ich ein Luxus, das ist ja nicht überall der Fall, dass die leiblichen Eltern da so gut mitspielen.“ (D – Frau, S. 20)

Als eine Prämisse für eine gedeihliche Zusammenarbeit im erweiterten Eltern-Subsystem wird die Notwendigkeit der Wertschätzung gegenüber den leiblichen Eltern erwähnt.

„Mir scheint das Wichtigste dabei, wenn man die leiblichen Eltern auch wertschätzt, sie können getan oder gelassen haben, was sie wollen, viele Dinge falsch gemacht haben oder nicht richtig, aber gegenüber dem Kind muss man trotzdem eine Wertschätzung zeigen und, wenn man mit ihnen zusammen arbeitet, auch mit ihnen selber, was aber nicht heißt, dass man nicht verschiedene Verhaltensweisen aufzeigen kann (...) Wenn ich diese Wertschätzung nicht habe, dann kann ich weder mit dem Kind über die Herkunftsfamilie reden und das bearbeiten, und schon gar nicht mit den Eltern, mit den leiblichen.“ (C – Mann, S. 10)

„Und unsere Erfahrungen mit dem ... sind so, dass er, wenn wir seine Herkunftsfamilie wertschätzen, seine Mama wertschätzen, dass er das Gefühl hat, man nimmt ihm nicht das Letzte, was er noch hat, er muss nicht um seine Mama kämpfen.“ (F – Frau, S. 11)
„Für mich war es immer klar: Das sind seine Eltern, ganz egal, was passiert und was sich abspielt, denen werde ich mit Respekt entgegentreten, auf gleicher Ebene immer, dass der ... überhaupt nie in die Situation kommt zu wählen, sich entscheiden zu müssen.“ (E – Frau, S. 12)

Und die Eltern so zu akzeptieren, wie sie sind.
„Ganz am Anfang war das Thema schon da: Wie gestaltet sich die Beziehung zu den leiblichen Eltern, wo ich auch in den Anfangsphasen in meinen Zügen der Selbstreflexion gemerkt habe: hoppala, pass auf, dass da kein Konkurrenzdenken von deiner Seite aus, also von mir aus kommt. Und das war auch ganz wichtig, um die Eltern so zu akzeptieren, wie sie sind.“ (D – Frau, S. 20)

Infolge des Ergänzungsfamilienkonzeptes haben die Pflegekinder aus Sicht der sozialpädagogischen Erziehungsstellen-Eltern die Möglichkeit, Zugang zu ihrer Identität und zu den Familienwurzeln zu finden.
„Wo die Mama dann bei uns war, auch immer wieder Schwierigkeiten hatte sich einzufügen oder mit zu leben, ich aber diese Kontakte sehr sehr wichtig finde, weil es ... Wurzeln sind. Es ist ihr Ursprung.“ (B – Frau, S. 14)
„Ich glaube, die Auseinandersetzungen mit den leiblichen Eltern braucht es unbedingt. Egal, wenn die vorhanden sind oder nicht, auch wenn die gestorben oder anders nicht verfügbar sind, braucht es das einfach, weil das Kind spätestens in der Pubertät die Wurzeln suchen wird und dann ist es wichtig, da darüber zu reden.“ (C – Mann, S. 10)
„Ansonsten ist es ja nach wie vor wichtig, dass diese Kontakte stattfinden, die Kinder sich ihrer Herkunft bewusst sind, weil sie das auch in ihrem Leben irgendwann als Aufarbeitung brauchen, um eine Chance zu haben, nicht in den gleichen Prozess hineinzufallen. Also schon dafür ist es sehr, sehr wichtig.“ (F – Frau, S. 12)
„Weil, irgendwann setzen sich die Kinder mit ihrer Herkunftsfamilie auseinander und wollen wissen, wo sie herkommen. Es kommt irgendwann die Zeit, man kann sie nicht abschotten von ihrer Herkunftsfamilie, das geht nicht. Also wenn sie greifbar sind, dann kann es da ein sehr konstruktives Miteinander geben.“ (A – Frau, S. 15)

Mittels Kontakten zu den leiblichen Eltern ist es den Pflegekindern möglich, ein realistisches und authentisches Bild von ihren bisherigen Bezugspersonen zu bekommen. Dieser Prozess geht oft mit schmerzlichen Erkenntnissen und Erfahrungen für die Pflegekinder vonstatten.

„Versprechungen, die nicht eingehalten worden sind, das hat ihn schon sehr aus der Bahn geworfen. Das hast du ihm auch sofort angemerkt und da hat es dann auch Verhaltensweisen gegeben; er hat sich dann im Laufe seiner Pubertät auch mehr damit auseinandergesetzt, weil ihm eben auch die Problematik seiner Mutter mehr bewusst geworden ist, und hat das dann einfach realistischer einschätzen können." (A – Frau, S. 14)

„Ich denke, es ist ganz wichtig auch für ..., auch wenn sie ganz viel Frust mitbekommt, also ganz viel Enttäuschung, ganz viel Trauer, ganz viel Frust, dass solche Äußerungen kommen: Die hat mich eh nicht lieb, die will mich nicht, die hat mich hergegeben, abgegeben, und sie will auch keinen Kontakt zu mir, - dass dadurch auch so die Schlussfolgerung kommt, ich bin nicht gut, ich bin böse, deswegen mag sie mich nicht mehr." (B – Frau, S. 15)

„Wir hätten an und für sich gerne, dass der Kontakt besteht, dass er stärker da ist, als er ist, können leider nicht viel tun, außer die ... einmal zu motivieren, schreib einmal einen Brief. Sie antwortet darauf: Ja die reagiert eh nicht drauf. (...) Es hat natürlich bei der ... eine ganz große Frustration ausgelöst, dass die Mutter sich einfach nicht darum kümmert und dass sie nie kommt und dass sie immer wieder verspricht, ja sie kommt und dann kommt sie nicht." (B – Mann, S. 14)

„Das ist für ihn ein großes Problem, weil eben sein Vater nicht ist, wie er sein sollte, wie er ihn gerne hätte als Vater." (C – Frau, S. 17)

„Ich glaube schon, dass es gut ist für ihn, dass er die Möglichkeit hat. Die Mutter ist auch heute, obwohl er jetzt fast ein Jahr keinen Kontakt mehr hat, immer ein Thema, das immer wieder einmal auftaucht. Warum tut sie mir das an, dass sie mich einfach so hängen lässt, dass sie nicht gekommen ist. (...) Die ersten Male war das sehr aufregend für ihn, nachdem er die beiden Eltern ja nicht kannte, sich nicht mehr an sie erinnern konnte, und es ihn die erste Zeit auch sehr durcheinander brachte." (E – Frau, S. 11)

Diese Momente können in der weiteren Folge dazu führen, dass sich die sozialpädagogischen Erziehungsstellen anbieten müssen, die aufkommenden emotionalen Gefühle abzufangen bzw. aufzuarbeiten.

„Man muss immer wieder reflektieren und anschauen, was ist denn das jetzt. Woher kommt jetzt diese Wut, dieser Zorn, der gar nicht mir gehört, wo ich gar nichts gemacht habe, dass ich das jetzt verdient hätte, dass ich das jetzt abbekomme. Und das Ganze ein sensibles Verhalten braucht, um das aufzufangen, um es auch zu formulieren, um es anzusprechen, weil sie das nicht kann. Also sie kann nicht sagen: ich bin sauer auf meine Mutter, und deswegen kämpfe ich jetzt mit dir, sondern wenn man so merkt, wenn Aktionen passieren und man spricht sie an, ich kann verstehen, dass du traurig bist, dass du wütend bis auf die Mama, aber ich bin nicht diejenige, der das gehört." (B – Frau, S. 15)

„Im Verhalten spiegelt sich das halt schon immer wieder, ja, so diese Herkunftsfamilie, das Rollendenken und die Rollenverteilung in der Herkunftsfamilie spiegelt sich natürlich auch immer wieder in ... Verhalten. Das macht manchmal nichts, ob er nur einen Tag dort war oder fünf. Je nachdem, was dort abläuft, hat er sein altes Rollenbild wieder. Ich habe hier wieder zu kämpfen, dass ich ihm klar mache, hier hat die Frau das Sagen im Haus, das sind lauter so Geschichten, wo ich dann schon wieder deutlich merke, wie sehr das schon immer noch beeinflusst." (A – Frau, S. 20)

Es wird resümierend bei den sozialpädagogischen Erziehungsstellen-Eltern die Erfahrung gemacht, dass die Möglichkeit der Kontaktaufrechterhaltung zu den leiblichen Bezugspersonen aus psychoemotionaler Sicht für die Pflegekinder von großer Bedeutung ist.

„Und dann muss man einfach sagen, es ist so. Sie lernen dazu und es wird zunehmend besser. Für den ... ist in seiner Entwicklung sicher ganz entscheidend gewesen, dass wir nicht gegeneinander arbeiten, sondern dass wir miteinander arbeiten." (C – Mann, S. 11)

„Weil dieses Gefühl im Kind, meine Eltern sind trotzdem für mich da, und die machen sich trotzdem Gedanken über mich, ich kann sie trotzdem sehen, einfach wichtig ist." (D – Frau, S. 21)

„Das ist ein toller Ansatz, da ist der Kontakt sehr, sehr wichtig, weil er auch sieht, er nimmt ihn mit in die Werkstatt, dann sieht er ja auch, was er macht, ist also eine sehr positive Bereicherung, keine Frage." (E – Mann, S. 20)

„Es ist ganz wichtig, dass wir als Pflegefamilie immer nur eine Ergänzungsfamilie sind, dass man da diese Unterschiede macht, um nicht das Kind einem Konflikt auszusetzen, einem Spannungsfeld auszusetzen." (F –Frau, S. 11)

„Je mehr man quasi diese gemeinsame Plattform bauen kann, umso besser kann man das insgesamt gestalten, also die ganze Beziehung zueinander, aber auch den, ja, gemeinsamen Erziehungsprozess des Kindes." (F – Mann, S. 15)

16.8 Profession

Das Vorhandensein einer pädagogischen professionellen Ausbildung wird von den sozialpädagogischen Erziehungsstellen-Eltern als absolute Notwendigkeit erachtet, um den ihnen anvertrauten Pflegekindern gerecht zu werden.

„Ohne die ginge es nicht, wäre es unmöglich. Ich könnte mich vielleicht emotional in das Kind versetzen, das ist möglich und es gibt sicher ein paar Leute in unserer Welt, die das einfach intuitiv können. Aber der Großteil unserer Bevölkerung kann das nicht, ohne Ausbildung geht es nicht." (C - Mann, S. 14)

„Ich bin überzeugt, dass diese pädagogische Ausbildung eine ganz wichtige ist, im Zusammenhang mit dieser Erziehungsstelle, dass es ohne nicht geht, weil durch die Ausbildung man einen Grundstock mitbekommt, der viele Dinge erleichtert, man auch gelernt hat, Dinge anzuschauen, warum passieren die jetzt, man gelernt hat auszusteigen, Dinge zu erklären, auch ein Handwerkzeug mitkriegt, wie man mit Aktion und Reaktion mit den Kindern umgeht." (B – Frau, S. 17)

„Ich glaube schon, dass es einfach wichtig ist, einen Hintergrund zu haben, also dieses Verständnis glaube ich braucht es einfach, das halte ich schon für wichtig, dass man vom Entwicklungspsychologischen her auch dieses Grundverständnis hat." (E – Frau, S. 13)

„In Bezug auf sozialpädagogische Erziehungsstellen ist das natürlich etwas anderes, da liegt ein Konzept vor, da macht man einen Erziehungsplan, schreibt man Beobachtungs- und Erziehungsberichte usw. Da hat es eine ganz andere Qualität und da ist es schon zwingend notwendig, dass man diese Ausbildung hat, dass man einfach weiß, wie gehe ich mit einem Beobachtungsbericht um, wie schauen Beobachtungen aus. Da gibt es viele Dinge, die man als Laie nicht weiß. Auch wie man mit den Eltern umgehen kann, wie die Elternarbeit aussehen könnte." (F – Frau, S. 14)

„Ideal ist die soziale oder emotionale Kompetenz gepaart mit einer fundierten Ausbildung mit einer fachlichen Qualität." (B – Mann, S. 18)

„Das, was ich in meiner Ausbildung zur Erzieherin gelernt habe, ist ein Tropfen auf dem heißen Stein. (...) Ich meine, ich habe dieses theoretische Krimskrams im Hinterkopf, ja, das ist schon einmal von Vorteil, dass man so ein bisschen weiß, wo es langgeht." (D – Frau, S. 23)

Mittels fachlicher Ausbildung wird die Zusammenarbeit mit den Netzwerkpartnern einfacher.

„Man hat das Hintergrundwissen dann in Bezug auf die Zusammenarbeit mit der Schule. Die wissen dort einfach, dass man eine professionelle Ausbildung hat, dass man weiß was man tut und was man sagt, also ich denke mir, da tut man sich sicher leichter, dass man dann auf einer Ebene ist mit dem Lehrer, nicht das Gefühl hat, der Lehrer steht über dir. das ist schon, schon ganz wichtig." (A – Frau, S. 16)

Es wird die tagtägliche Arbeit erleichtert.
„Natürlich macht es Sinn, wenn du ausgebildet bist, weil du dich doch in bestimmten Situationen auf bestimmte Dinge entsinnst, die du einmal gelernt hast, und bevor du gar nicht weiter weißt, gehst du wahrscheinlich auf die zurück (...) oder aber du hast schon vorher Erfahrungen gesammelt in deinem Job und du weißt einfach schon, dass alles nicht so heiß gegessen wird, wie es gekocht wird." (B – Mann, S. 17)

Weiters wird der Umstand wahrgenommen, dass mit Hilfe der fachlichen Ausbildung, sich die Kompetenz der Betreuung steigert.
„Sicherlich ist die fachliche Ausbildung von großer Bedeutung, wenn man sie hat, weil man dadurch gewissen Schwierigkeiten gewachsen ist. Und es hat sich bei mir auch gezeigt, dass das Jugendamt uns auch die komplizierteren Fälle vermitteln konnte, weil da eine fachliche Kompetenz da war und weil man das anders gesehen hat. Wir haben nicht den Anspruch gehabt, den Kindern nur ein Dach über den Kopf zu geben, und regelmäßig Essen und Trinken, mehr wird eigentlich nicht verlangt von einer Pflegefamilie, sondern unser Anspruch war schon immer, dem Kind, wo es geht zu helfen, mögliche Mängel zu beheben und Entwicklungsverzögerungen auszugleichen, Förderungen zu geben usw." (F – Frau, S. 13)

Ebenso können Zusammenhänge besser verstanden werden.
„Also insgesamt hilft mir das unheimlich, weil ich, ob jetzt Pflegekind oder eigenes Kind, die Kinder wesentlich besser verstehen kann, warum sie was tun und warum sie's wie tun. (...) Einfach verstehen kann, was ist die Sichtweise von dem Pflegekind, wie fühlt sich's, wie fühlen sich Eltern, die ein Kind abgeben. Es sind ja diese zwei Ebenen, allein dieses Verstehen oder in der Lage sein zu verstehen, welche Gefühle dann mitschwingen, welche Ängste entstehen, ist unheimlich hilfreich, da ist so eine Ausbildung dann absolut wertvoll, denke ich." (F – Mann, S. 17)

Es werden von Seiten der sozialpädagogischen Erziehungsstellen-Eltern mehrere professionelle Kompetenzen erwähnt, die ihnen bei der täglichen Arbeit zugute kommen bzw. diese positiv unterstützen. Hierzu zählt die Fähigkeit, klare pädagogische Haltungen in der Begegnung mit dem Pflegekind einzunehmen.
„Ich denke, dass ich eine gewisse Klarheit an den Tag lege, dass klar ist, wie sind die Spielregeln, wo sind die Grenzen, wo man vielleicht als eine normale Pflegemutter oder Mutter vielleicht eher ein bisschen mit sich verhandeln lässt. Ich denke mir, man überlegt vielleicht ein bisschen mehr oder ist vielleicht auch in manchen Dingen härter, sage ich einmal. Es gibt eben solche Spielregeln, Grenzen, Richtlinien, die hat man sich vorher

überlegt, also wohl wissend, warum er das tut, dann sind sie auch so, werden nicht umgeworfen, da ist nicht heute hü und morgen hott." (A – Frau, S. 16)
„Ich bin klarer. Klar und direkt in meinen Regeln und Aufforderungen, auch meinen Kindern gegenüber. Das wäre ich vielleicht nicht in dem Maße, wenn der ... nicht da wäre." (D – Frau, S. 25)
„Zu sehen, was er braucht, aber das dann auch in einen Rahmen zu setzen, mit Zuckerbrot oder Peitsche ihn zu locken und ihn auch zu fordern, das ist die tägliche Herausforderung. Ihn auf der einen Seite zu locken, nicht zu viel, um ihn nicht zu überfordern und auf der anderen Seite aber auch zeigen, das hat das Konsequenzen, wenn es nicht so funktioniert, wie es soll" (E - Frau, S. 14)
„Kinder brauchen Strukturen, Eltern sollten den Kindern eine Struktur vorgeben, das ist nötig. Tagesstruktur, eine Struktur in der Woche, also immer wiederkehrende Momente gleich zu leben, ist ein unheimlich hilfreiches Gerüst für eine Familie an sich, und das gekoppelt mit einem individuellen Blick für den Einzelnen." (F – Mann, S. 18)

Als wichtig erweist sich auch die Kompetenz, vielfach massive Verhaltensauffälligkeiten der zu betreuenden Pflegekinder realistisch zu deuten.
„... zu verstehen, was in dem Kind abläuft und warum, aber auch die Grenzen zu verstehen, wo es eventuell zusätzliche Hilfe braucht, wo wir als Pflegefamilie vielleicht nicht mehr können." (C – Mann, S.14)
„ ... bei ihr ja auch noch so diese Gratwanderung zwischen der geistigen Behinderung und der Verhaltensauffälligkeit dazukommt: ... was ist es jetzt genau, ist es jetzt eine geistige Behinderung, ist es „nur" eine Verhaltensauffälligkeit oder was? (...) die Sichtweisen andere werden, wenn man pädagogisches Handwerkzeug hat." (B – Frau, S. 18)
„Ich denke mir, es hat schon eine starke Bedeutung, einfach weil man mit dem, wenn man anders umgeht, mit dem Verhalten eines Kindes, man betrachtet es anders, man hinterfragt es auch." (A – Frau, S. 15)
„(...) wie reagierst du auf gewisse Verhaltensweisen des Kindes? (...) Habe ich ein ADHS-Kind vor mir, muss ich wissen, was das beinhaltet, was auf mich zukommt, welche Probleme immer wieder auftreten, da muss ich schon entsprechend reagieren können und brauche ein entsprechendes Wissen oder eine Vorerfahrung oder wie auch immer." (F – Frau, S. 14)

Aus dieser Fähigkeit resultiert die Folge, dass bei den sozialpädagogischen Erziehungsstellen sich das Durchhaltevermögen vergrößert ....
„Ich denke doch, dass schon das Durchhaltevermögen auch gestärkt wurde, dass man eben auch das Positive sehen kann, das Positive in der Entwicklung, das dich dann auch wieder motiviert und sagt, das wird schon." (A – Frau, S. 18)

… und zudem der Grad der Belastung sich steigert.

„Ja ich denke, wenn … in einer anderen Pflegefamilie gewesen wäre, nicht auf unserer Erziehungsstelle, hätte das nicht gehalten, weil die Belastung zu groß gewesen wäre." (B – Frau, S. 18)

Eine weitere wichtige professionelle Haltung bzw ein spezifisches Anforderungsprofil stellt die Offenheit dar, sein eigenes Tun zu hinterfragen und die Handlungen selbstreflexiv auf die eigene Person zu beziehen.

„Ich denke, dass es ein ständiges Hinterfragen meines Tuns auch braucht, warum tu ich das, was ist eigentlich das Ziel dahinter, weil man sich doch in der Erziehung mit so ‚schwierigen' Kindern oder Jugendlichen sehr leicht verfährt und vielleicht Mittel zum Zweck wird, da muss ich mich ständig hinterfragen. (...) Wenn ich das nicht tu, dann verrenne ich mich sofort, das ist hundertprozentig." (C – Mann, S. 15)

„Reflexion ist unheimlich wichtig. Wir versuchen uns da immer wieder in gewisser Weise eine Supervision einzuholen. (...) Ich denke durch dieses Hinterfragen kommen wir in einen Prozess rein, in dem wir immer wieder gucken können: Müssen wir uns verändern? Oder brauchen wir für ein bestimmtes Kind eine Hilfe? So haben wir einen Prozess, eine Entwicklung im Fluss, das ist für alle Beteiligten ein ganz wichtiger Ablauf, der da stattfinden muss." (F – Mann, S. 19)

„Man kann aber auch auf Vieles an Erinnerungen aus der Ausbildung, aus der Praktikumszeit und aus seinen Vorerfahrungen durch Kindergarten, Kinderhort, egal wo man halt die Erfahrungen gemacht hat, zurückgreifen. Steht dann plötzlich vor der Situation und erinnert sich, wie hat das damals oder wie bin ich damals das Thema angegangen oder wie hat das meine Kollegin gemacht. Dann kommen so blitzartige Erinnerungen und man greift auf diese Sachen auch zurück. Das ist schon hilfreich." (F – Frau, S. 15)

„Also die Betreuung ist eine für mich unheimlich wichtige Säule. Ohne die glaube ich nicht, dass das so funktionieren würde, wie es funktioniert. Ohne Betreuung hätte ich mein Problem, weil es einfach unheimlich viel bringt, das ist wie Supervision, das ist wie sich einen Spiegel vorhalten, und es ist auch die Möglichkeit, einmal zu sagen: Ich kann nicht mehr, hast du eine Idee, wie ich weitermachen soll." (B – Mann, S. 18)

„So bin ich immer direkt 24 Stunden mitten drin. Ich kann nicht so abschalten, was auch manchmal gefährlich und sehr anstrengend ist, weil du nicht mehr raus kommst aus diesem Rad. Gerade wenn es schwierige Situationen, wenn es Krisen sind, musst immer gucken, dass du aus diesem Strudel, der vorhanden ist, wieder raus kommst. Und ich denke, so fließt alles in die Professionalität mit rein." B – Frau, S. 19)

Verbunden mit dieser Offenheit ist auch die Bereitschaft, sich nach außen hin transparent zu zeigen und mit außenstehenden Partnern zu kooperieren.

„Das war uns klar, denke ich, am Anfang, wo wir die Entscheidung getroffen haben, dass wir da mittun: dass wir transparent werden, einem gewissen Kreis gegenüber transparent werden. Was natürlich auch in der ersten Überlegung schon da war: du lässt nicht unbedingt die Fenster offen, damit ein jeder hineinschauen kann und sieht, was du tust. Du hast auch den Bereich, denn du nicht zeigen willst. Aber da haben wir nicht wirklich ein Problem gehabt damit.“ (B – Mann, S. 19)

„Wir haben uns durch die Erziehungsstelle öffentlich gemacht. Wir haben in Kauf genommen, dass immer jemand von außen zu uns in die Familie kommt, sehr nahe bei uns in der Familie dran ist, sehr nahe und sehr dicht hinschauen kann, was ja nicht unbedingt Standard ist in Vorarlberg. Da kommt immer jemand von außen, was sehr hilfreich ist, was aber auch sehr anstrengend sein kann. Weil jemand von außen sagt, guck mal, was du da überhaupt machst. (…) ich das im Endeffekt als sehr hilfreich und bereichernd empfinde. (...) Dass du bereit bist, dich öffentlich zu machen und dich auseinanderzusetzen, ist eine Bauchgeschichte. Also du musst es auch aushalten können, dass jemand von außen kommt und dir sagt, was machst denn du da für einen Kack.“ (B – Frau, S. 19)

16.9 Erfahrungen in Bezug auf die Kriterien des sozialpädagogischen Erziehungsstellen - Konzeptes in Vorarlberg

16.9.1 Akquisition

Um als potentielle sozialpädagogische Erziehungsstelle zu gelten, muss von Seiten der Pflegefamilie ein Akquisitionsprozess absolviert werden. Die Überprüfung der persönlichen und beruflichen Voraussetzungen und Qualifikationen erfolgt mittels Fragebögen, Informations- und Bewerbungsgesprächen sowie eines Hausbesuches. Diese Vorgehensweise wird von den betroffenen Erziehungsstellen-Eltern als zufrieden stellend erlebt.

„Das war okay." (B – Frau, S. 22)

„Ich habe die Erinnerung, dass ich es einfach als gut, als angenehm, als okay empfunden habe." (E – Frau, S. 16)

„Das war völlig korrekt. Also ich fand das Gespräch nett, die Vorstellung und als ihr damals bei uns wart, das fand ich sehr gut. Und das mit dem Fragebogen fand ich ein bisschen amüsant, aber es ist natürlich notwendig, um einfach eine Auswahl zu treffen, man muss wissen, wie denken die Leute, wie stehen sie dazu. Das ist einfach wichtig, und die Arbeit kann nicht jeder machen." (D – Frau, S. 27)

„Das ist ganz wichtig und anders könnt ihr die Entscheidung auch gar nicht treffen, ob die Pflegefamilie geeignet ist." (F – Frau, S. 16)

Es wird keine unüberwindbare Hürde wahrgenommen.

„Ich habe jetzt nicht das Gefühl gehabt, dass wir da so eine Hürde haben überwinden müssen, um sozialpädagogische Erziehungsstelle zu werden. Ich habe mir da eigentlich mehr erwartet im Sinne von strengeren Kriterien, wie auch immer die ausschauen sollten, weiß ich nicht, aber ich hätte es mir strenger erwartet." (B – Mann, S. 20)

Gleichzeitig wird die Intensität des Prozesses hervorgehoben.

„Wir kannten grundsätzlich so einen Prozess nicht, nicht in dieser Intensität möchte ich sagen." (F – Mann, S. 21)

Ebenso wird mit Hilfe dieser Vorgangsweise den Bewerbern Wertschätzung entgegengebracht.

„Nicht so bekannt war auf unserer Seite die Intensität, wie das Carina geguckt hat. Möchte die Familie auch nach unseren Kriterien arbeiten oder passt das Arbeiten zu unseren Kriterien?. Die Einladung vom Carina zu sagen, ihr schaut auch uns an, guckt mal zu uns rein, schaut, passt euch das, also diese Gegenseitigkeit hat mir sehr gut gefallen." (F – Mann, S. 21)

„Das war eigentlich sehr positiv. Ich habe zwar vom Carina gehört, aber keine Ahnung gehabt, wie, wo, was, erstens habe ich das kennen gelernt, das war schon einmal sehr positiv. Dann überhaupt das Gespräch, ja das war hervorragend, und da hat man immer gleich das Gefühl gehabt, da ist man gut aufgehoben und da wird man sehr sehr gut betreut, also das ist von vornherein da gewesen. In Summe gesehen würde ich sagen, würde ich nichts anderes machen." (E – Mann, S. 25)

„Es war eine ganz neue Erfahrung für uns und ich fand es sehr professionell und war eigentlich schon begeistert von der Vorgehensweise, dass ich dachte, also endlich mal eine Stelle, die wirklich genauer hinschaut. Wen haben wir da vor uns, selber kommt einem dann natürlich auch eine gewisse Wertschätzung entgegen, also man hat durchaus nicht das Gefühl, ist uns ja eigentlich egal wie ihr arbeitet und was ihr macht, wir möchten einfach gerne Kinder unterbringen und brauchen da eine gewisse Auswahl an Pflegefamilien, sondern: man hatte das Gefühl, mein Gegenüber interessiert sich für mich und meine Arbeitsweise, ich lege jetzt meine Karten hier offen auf den Tisch, habe nichts zu verbergen und kann einfach, ja dann auch selber gleich wieder gleichzeitig reflektieren, wo brauche ich ev. noch Unterstützung, ja ich habe da eine sehr gute Erfahrung damit gemacht." (F – Frau, S. 16)

Dadurch wird auch eine Wohlbefindlichkeit vermittelt.

„Ich denke so wie es passiert ist, habe ich mich jederzeit wohl gefühlt in diesem Prozess, hatte dann keine, was weiß ich, so eine Hemmschwelle, wie auch immer, ich fand es gut, und ich denke es ist wichtig zu wissen auch für jeden Beteiligten, wie arbeitet derjenige oder wie arbeite ich, wie arbeitet das Carina, wie arbeiten wir zusammen, also diese Richtlinien zu klären." (F – Mann, S. 22)

Und nur so ist es möglich, der Komplexität der Aufgabenstellung gerecht zu werden.

„Speziell die Familie weiß, was erwartet mich, was kommt auf mich zu, weil ich denke, die Pflegekinder im Allgemeinen und speziell auch die vom Carina, sind ja Kinder, die wirklich Probleme mitbringen. Und da ist es hilfreich zu wissen, so läufts und diese Unterstützung bekomme ich oder die kann ich auch einfordern, dieses Prozedere ist gegeben, an dem kann ich mich orientieren." (F – Mann, S. 22)

16.9.2 Aufnahmeprozess

Im Zuge einer möglichen Placierung eines Pflegekindes in einer sozialpädagogischen Erziehungsstelle wird ein schrittweises Anbahnungsverfahren gewählt. Zuerst findet ein Erstkontakt an einem neutralen Ort statt. Daran anschließend werden Besuchssequenzen initiiert, so dass die sozialpädagogische Erziehungsstelle und das Pflegekind sich besser kennen lernen können. Erst danach wird die endgültige Aufnahmeentscheidung getroffen. Diese Vorgehensweise wird von den betroffenen Erziehungsstellen-Eltern als unbedingt notwendig und positiv empfunden.

„Das Prozedere finde ich eigentlich ganz gut. Ich habe ja auch schon einige Hauruck-Aktionen eben erlebt, so nach dem Motto, das Kind ist jetzt da. Jetzt bei den letzten zwei Kindern haben wir diese vorsichtige Eingliederung, (...) und das ist eben ganz wichtig." (A – Frau, S. 19).

„... unbedingt notwendig, dass das in Teilschritten gemacht wird. Ich kann es mir nicht anders vorstellen, außer es handelt sich um eine Familie, die das schon einmal durchgemacht hat, das heißt mindestens ein Kind über einen längeren Zeitraum in der SES-Familie betreut hat, und es beim nächsten Kind um eine Krisenintervention geht, vorübergehende Placierung oder so etwas, könnte ich mir genauso vorstellen, dass das tatsch-bum passiert, aber sonst nicht. Also für eine langfristige Placierung mit Erziehungsauftrag nur so." (C – Mann, S. 18)

Ich denke mir, dass es für beide schwer wird, wenn ein Kind einfach peng, da jetzt wohnt, ... und auch für uns, weil kein Mensch mit dem rechnet, dass auf einmal peng jemand da kommt. Also irgendwie habe ich lieber das Langsame, finde ich besser." (C – Frau, S. 26)

„Ja das war fantastisch eigentlich. (...) weil dann hat man es verarbeiten können (...), darüber nachdenken und ist bereit zum nächsten Schritt. Genau das habe ich ganz gut gefunden, das langsame Herantasten, ja, das ist gut." (E – Mann, S. 26)

Mit Hilfe dieser Vorgehensweise haben sowohl das Pflegekind als auch dessen Eltern sowie die sozialpädagogische Erziehungsstelle die Möglichkeit, sich in Ruhe kennen zu lernen.

„Das Kind, das platziert werden soll, kann sich ein Bild machen von der Familie, vom Umfeld, von der Umgebung, erlebt bei uns auch gleich einmal mit, wie es eigentlich abläuft. Unsere Familie hat die Möglichkeit, das Kind kennen zu lernen." (A – Frau, S. 19)

„Da war kein Problem, auch die ersten paar Mal, wo er gekommen ist, wobei man immer irgendwie ein bisschen ein Angstgefühl hat, wie wird es und so. Weil das ist halt ungewiss das Neue und alles. Ich finde es toll, dass er nicht plötzlich da war, dass er auch selber zuerst anschauen konnte, dass wir größere Kinder haben usw., dass er sich ein bisschen: ja gefällt mir überhaupt das Haus, wo sie wohnen oder mein Zimmer." (C – Frau, S. 25)

„Finde ich grundsätzlich gut, weil jeder dadurch die Chance bekommt, sich seelisch und moralisch auf die neue Situation einzustellen, wobei ich denke, dass die Pflegefamilien, bei denen das Routine ist oder die SES-Stellen am wenigsten Probleme damit haben und die großen Probleme das Kind und die abgebende Familie hat. Also für die finde ich das im Prinzip noch viel wichtiger als für die Erziehungsstelle.“ (F – Frau, S. 17)

„Ich denke, das ist beim ... sehr gut gelaufen. Wir haben uns erst einmal getroffen, das war so, wie es lief, sehr gut. Ich glaube, wir hatten auch zweimal den ... dann hier bei uns, seine Mutter war dann einmal mit, konnte sehen, wie ist das hier. Ich denke, das sind Elemente, die einfach Schwellen abbauen, Ängste abbauen, gerade bei der Herkunftsfamilie, wo kommt mein Kind hin, also wenn schon diesen Weg, dann hilft das glaube ich unheimlich, solche Ängste oder Grenzen abzubauen.“ (F – Mann, S. 23)

Für wichtig wird auch die Option erachtet, im Rahmen des Sich-Kennenlernens zu einer möglichen Aufnahme nein zu sagen, wenn die „emotionale Chemie“ zwischen Pflegekind und sozialpädagogischer Erziehungsstelle nicht passt.

„Unsere Familie hat die Möglichkeit, das Kind kennen zu lernen, auch mit der Offenheit jederzeit nein zu sagen. Wo die Kinder kleiner waren, da war das nicht so tragisch, da haben sie nicht wirklich mitbestimmt und das war ja auch immer für sie okay. Aber jetzt sind sie eigentlich in dem Alter, wo sie noch mitbestimmen, weil es dauert ja nicht mehr lange und sie sind alle flügge. Das ist natürlich schon gut, dass man diese Freiheit hat zu sagen, ich glaube, wir harmonieren nicht, oder es passt einfach nicht in unsere Familie, warum auch immer. Also das ist eigentlich schon ganz gut, finde ich, das Aufnahmeverfahren, wie es jetzt ist.“ (A – Frau, S. 20)

„Ist natürlich eine ganz gute Geschichte (...). Wenn jetzt aber die Freiheit so weit geht, dass man dann feststellt, das Kind passt überhaupt nicht in unsere Familie rein, es geht nicht und wir kommen mit unserer Thematik nicht klar, es passt nicht in unserer Alltag, zu unseren Kindern, die machen da nicht mit, dann stelle ich mir die Situation für das dann abgelehnte Kind sehr hart vor.“ (F – Frau, S. 17)

„Dieser Prozess zu sagen oder diesen Moment, nach jedem Treffen zu sagen, bin ich noch dabei oder bin ich nicht dabei, für alle Beteiligten, ... zu sagen, nein, ich steig aus, ist denke ich sehr wichtig. Ich denke für eine Herkunftsfamilie wichtiger noch wie für eine Pflegefamilie (...), weil auch das Bewusstsein immer da ist, ich kann es steuern, also ich bin jetzt nicht einem Prozess ausgeliefert, sondern ich kann es gestalten, ich bin dabei, ich kann selbst agieren.“ (F – Mann, S. 23)

Wenn die Placierung des Pflegekindes jedoch plötzlich und ohne Kennenlern-Phase vonstatten geht, hat dies eine unglückliche Dynamik für alle Beteiligten zur Folge:

„Soweit ich mich erinnere, haben wir im Plan gehabt, so in vier bis sechs Wochen die Übernahme und gegangen ist es dann glaube ich in einer Woche. Und sie war schon bei

uns im Haus und sie hat eigentlich nichts anderes mitgehabt als wie einen Teddybären unter dem Arm, nicht einmal Gewand oder sonst irgendetwas, also das ist wirklich ho ruck gegangen. Ich würde rückblickend sagen, besser darauf verzichten, als es wieder so zu machen. Es macht nicht wirklich Sinn, wenn sich nicht die ganze Familie darauf vorbereiten kann, sondern einfach damit auch erschlagen wird, speziell die Kinder, sage ich jetzt einmal, also ich würde es so nicht mehr machen, ganz klar nicht mehr." (B – Mann, S. 21)

„(...)gesagt hat, wenn Sie sie haben wollen, dann kriegen Sie sie, aber dann sofort. Das war am Abend und am nächsten Vormittag habe ich sie aus dem Kindergarten abgeholt. Sie wusste überhaupt nichts, sie war auch überhaupt nicht vorbereitet, hatte nichts zum Anziehen mit dabei, kein Kuscheltier von zu Hause, keine Fotos von zu Hause, gar nichts, das war unglücklich. ... Sie hat nicht gewusst, wo komme ich da hin, wer ist das, das war unglücklich." (B – Frau, S. 23)

16.9.3 Therapeutische Begleitung

Nachdem ein Kind fix in einer sozialpädagogischen Erziehungsstelle aufgenommen ist, wird dieses Pflegeverhältnis therapeutisch begleitet. Es wird von den sozialpädagogischen Erziehungsstellen-Eltern erwartet, dass sie mit einer regelmäßigen Begleitung einverstanden sind. Dies bedeutet, dass Beobachtungen ausgetauscht, pädagogische Zielsetzungen und Interventionen gemeinsam überlegt und dass in regelmäßigen Abständen zwecks Überprüfung des Entwicklungsstandes des Pflegekindes Standortbestimmungen durchgeführt werden. Diese fachliche Begleitung wird als absolut notwendig erachtet.

„Ohne eine fachliche Begleitung von außen geht es nicht, aus meiner Sicht, das wird nicht lange halten. Irgendwann wird die Krise kommen und recht schnell, wo es ohne Sichtweise, fachliche Sichtweise, von außen einfach nicht geht. (...) absolut notwendig. Hat sich bei uns auf jeden Fall bewährt." (C – Mann, S. 19)

„Von dem her ist es unheimlich wichtig, wenn wir da so jemand haben, der vom Fach ist, der das Problem kennt, der das schon jahrelang mitverfolgt, dem einfach zu sagen: du, da ist es wirklich dramatisch und es ist schlimm. Das einfach auch besprechen zu können, das ist quasi die einzige Möglichkeit, das zu kommunizieren. Von dem her ganz, ganz wichtig, nachdem es immer so up and downs gibt (...). Die Begleitung durchs Carina, das kann ich mir nicht vorstellen, dass es ohne dem ginge, ganz ehrlich gesagt. Für mich ein ganz notwendiges Muss." (B – Mann, S. 23)

Auf Seiten der sozialpädagogischen Erziehungsstellen-Eltern werden aufgrund der regelmäßigen therapeutischen Begleitung viele positive Erfahrungen gemacht. Das Durchhaltevermögen wird erhöht.

„Das denke ich mir ist ein ganz wichtiger Baustein. Es hätte sein können, dass wir zwischendurch einmal das Handtuch geworfen hätten, wenn wir diese Begleitung nicht gehabt hätten, auch, weil man trotz Ausbildung und allem Möglichen einfach ab und zu ansteht und auch vielleicht betriebsblind ist, vielleicht auch einfach irgendeine Option nicht sehen kann, die auch noch da wäre. Also von daher ist es ganz wichtig diesen Austausch und diese Standortbestimmungen, die wir ja auch gemach zu haben." (A – Frau, S. 20)

„Ich habe das als sehr wichtig empfunden, als sehr wichtig erlebt, diese regelmäßigen Besprechungen, ist auch für mich eine wichtige Ressource, die vorhanden ist. (...)wenn das nicht wäre, würde es für die ganzen Erziehungsstellen sehr viel schwieriger sein, das durchzuhalten." (B – Frau, S. 24)

„Mir hat es brutal geholfen. Zuerst manche Sachen klar zu sehen, zweitens um mit mir zu arbeiten. (...) ich glaube, ich hätte schon lange nein gesagt. Ich finde, das ist sehr wichtig, und ich finde toll, dass man anrufen kann und sagen, du es ist das und das, und wenn Krisensituationen sind, kommt sie und schaut, dass etwas gemacht wird, also ich finde es nur positiv." (C – Frau, S. 26)

Es wird ein Austausch ermöglicht und damit verbunden werden auch Feedback-Schleifen aktiviert.

„Es ist notwendig für mich auch als Alleinerziehende SES-Mama, ich brauche diesen Austausch. (...) und diese fachliche Betreuung, selbst wenn man vom Fach ist, und man steckt irgendwo drinnen, hat man nicht den Überblick, dann herrscht so eine Art Betriebsblindheit, und dann braucht man jemanden, der sagt, so und jetzt guck es dir einmal so an, wie ich es dir erzähle und dann sieht man es von einem anderen Standpunkt aus. Und es ist wichtig, auf alle Fälle." (D – Frau, S. 29)

„Ich denke, das ist ganz wichtig in vielerlei Hinsicht, einmal als Elternteil tut es gut, wenn man einen Ansprechpartner hat, wo man seine Sorgen und Nöte und Ängste und all die Dinge loswerden kann, und umgekehrt wieder einen Zuspruch kriegt und zwar in einem Rahmen(...).Wir haben in unserem sozialen Umfeld kaum jemanden, mit dem wir die Problematik der ... wirklich offen besprechen können, weil es kennt sie kaum jemand so, wie wir sie kennen, mit diesen Auswirkungen." (B – Mann, S. 22)

Mittels der Begleitung wird den sozialpädagogischen Erziehungsstellen-Eltern konkrete Hilfestellung ermöglicht.

„Diese regelmäßigen Kontakte die halte ich für sehr wichtig, vielleicht das erste Jahr gar nicht mal so, weil es so gut gelaufen ist, aber danach als es dann schwierig wurde, halte ich es für sehr sehr wichtig, vor allem dieses Gefühl: ich kann wo anrufen, wenn ich nicht weiter weiß, kann mir Hilfe holen." (E – Frau, S. 17)

„Das gibt einem Rückhalt, weil es gibt Situationen, wo man selber eigentlich gar nicht mehr weiter weiß, man meint, man macht alles falsch. In diese Situation sind wir ja auch schon

gekommen, da läuft einfach nichts mehr und da ist es dann schon fein, wenn man da anrufen kann, das richtet einen wieder komplett auf und man hat das Gefühl, wir haben nichts falsch gemacht. Also man hat aufgetankt und ist voll Energie wieder, ohne das glaube ich, würden wir ganz tief absacken und man kommt aus dem Dilemma nicht mehr hinaus." (E – Mann, S. 27)

Ebenso wird aufgrund dieser Begleitung die Option der pädagogischen Reflexion geschaffen, welche sich ebenfalls positiv auf das Pflegeverhältnis auswirkt.

„Selber ist man in dem Prozess drinnen und ich weiß, da steht jetzt jemand hinter mir, - also das ist nicht unbedingt das Gefühl, da schaut mir jemand auf die Finger, das ist es nicht. Es ist einfach, ich habe jemanden im Rücken, der unterstützend tätig ist, und gemeinsam reflektieren wir die letzten vier oder sechs Wochen, je nachdem, in welchem Zeitraum die Treffen stattfinden. Man geht schon mit einem ganz anderen Bewusstsein heran, an diese pädagogischen Themen beim Kind. Da braucht man dann natürlich wieder das fachliche Wissen, die fachliche Kompetenz (...). Alles in allem macht es sicherlich mehr Mühe, es ist ein wesentlich größerer Aufwand, als wenn man einmal im Jahr ein Hilfeplangespräch beim Jugendamt hat, aber diese Bemühungen kommen dem Kind und einem selber dann auf jeden Fall zugute und das Pflegeverhältnis kann wesentlich erfolgreicher verlaufen, weil es gibt keine Themen, die auf die lange Bank geschoben werden, es wird aktuell immer wieder gleich was aufgelöst in der Regel." (F – Frau, S. 18)

„Grundsätzlich finde ich das absolut hilfreich, das ist ein ganz wichtiger Baustein für uns jetzt, einen Ansprechpartner zu haben, nicht nur wenn irgendein Problem auftritt, sondern auch mit Erziehungsplänen einen Austausch zu haben. Dann kann man einfach das gemeinsam gestalten, da hat man immer wieder diese Reflexion." (F – Mann, S. 24)

Eine weitere Plattform der therapeutischen Begleitung ist das vierteljährliche Netzwerktreffen, in dessen Rahmen der Austauschprozess und Dialog zwischen den sozialpädagogischen Erziehungsstellen-Familien angeregt wird und Fortbildungsimpulse gesetzt werden. Mit Hilfe dieser Begegnung entsteht bei den sozialpädagogischen Erziehungsstellen ein „Wir-Gefühl", welches sich positiv auf die Identitätsbildung auswirkt.

„Ich denke es ist schon einmal wichtig, damit wir die Leute kennen, die in der gleichen Gruppe drinnen sind und die eigentlich mit der gleichen Problematik verbunden sind wie ich. Was sich auch immer wieder herausstellt, dass es ganz klare Muster gibt, die sich auf alle übertragen lassen oder sehr viele Muster gibt. (...) ich denke es ist auch notwendig und eine schöne Geschichte, auch vom sozialen Aspekt her, dass man auch in Kontakt bleibt miteinander und dass man sich kennt.." (B – Mann, S. 23)

„Ich finde das ganz gut, erstens weil man die anderen auch kennen lernt, zweitens weil man ihre Probleme dann auch erfährt, drittens dass ich nicht die einzige bin." (C – Frau, S. 27)

„Wichtig für mich persönlich ist der Austausch und dass ich die Leute auch kenne und vielleicht auch unter Umständen auf sie zurückgehen kann, zugehen kann, in bestimmten Situationen. (...) was natürlich eine gute Plattform ist, weil wir dasselbe tun, hinter demselben stehen, und das verbindet uns natürlich auch, ja. Und diese Verbindung ist schon gut, eine Art Kollegen." (D – Frau, S. 30)

„Inzwischen ist mir das einfach sehr wichtig, ich freue mich auch immer drauf, alle wieder zu treffen, und zu sehen, was ist los." (E – Frau, S. 18)

„Also es ist im Alltag einer SES-Familie etwas sehr Schönes, mit anderen auch zusammenzukommen, es ist äußerst beruhigend, wenn man sieht, was die anderen für teilweise ähnliche Themen haben." (F – Frau, S. 18)

Aufgrund dieses fachlichen Austausches werden gegenseitig Erfahrungen mitgeteilt, welche eine wichtige Quelle für kollegiale Hilfestellung darstellen.

„Ich habe das als Bereicherung erlebt, ich habe dann oft bei diesen Treffen, wenn dann jeder so erzählt hat, was passiert ist seit dem letzten Mal, habe ich mich da wieder gefunden und habe mir gedacht, das kenne ich schon, kenne ich irgendwoher. War auch, denke ich mir, für die anderen Familien interessant und wichtig zu hören, wie ist es uns damals ergangen. (...), wenn eben zu Krisenzeiten du das Gefühl hast, Mensch, was mache ich bloß verkehrt oder warum packe ich das so falsch an, oder was ist das - dass man die Meinung von den anderen Fachleuten hört." (A – Frau, S. 21)

„Diese regelmäßigen Vernetzungstreffen mit den anderen Erziehungsstellen, was immer sehr viel Motivation, viel Kraft mitgibt, weil da ein Austausch stattfinden kann, der sonst im normalen Rahmen im Freundes- und Familienkreis nicht stattfinden kann. Ein verständiges Nicken in der Runde, diese Erfahrung denke ich haben alle gemacht, (…) und für mich das ganz Wertvollste ist, weil es auch wirklich ganz viel Motivation gibt, wenn es einem schlecht geht: Man hat da einen Platz, wo man sagen kann, mir geht es schlecht, ich muss nicht immer stark sein. (...) von da her erlebe ich diese ganzen Besprechungen und Treffen eher als Unterstützung, als Bereicherung. Ich glaube, wenn das nicht wäre, würde es für die ganzen Erziehungsstellen sehr viel schwieriger sein, das durchzuhalten." (B – Frau, S. 24)

„Dass du dir nicht so allein und hilflos vorkommst und meinst, du bist der Einzige mit dem Problem, sondern erkennst, es gibt jetzt fünfe oder sechse, die das gleiche Problem in blau anstatt grün haben, aber sie haben es eigentlich auch. Das bringt dich wieder auf den Boden herunter und das tut einfach auch gut." (B – Mann, S. 24)

„Zum Teil ist es einfach, dass mich jemand stützt und unterstützt und sagt, ich würde es genauso tun, das wird einfach genauso erleichtert und ein anderes Mal ist man Stütze vielleicht für jemand anderen." (E – Frau, S. 18)

„Und der Austausch selber ist natürlich auch wichtig, dass man merkt, wie machen das andere professionelle Pflegefamilien, und von da her sollte man das auf jeden Fall beibehalten. Es ist eine Art Weiterbildung für einen selber auch.“ (F – Frau, S. 18)

16.9.4 Dokumentation und Berichte

Im Rahmen der professionellen Tätigkeit als sozialpädagogischer Erziehungsstelle sind die betreuenden Erziehungsstellen-Eltern angehalten, die Entwicklung des Pflegekindes regelmäßig und umfassend zu dokumentieren. Dokumentationsinstrumente sind Beobachtungsbögen und Tagebücher, ebenso das Verfassen von Erziehungsberichten. Diese Vorgehensweise wird als Akt der Professionalität wahrgenommen.
„Also ich meine, was hier geleistet wird, ist professionelle Arbeit und die muss auf alle Fälle durchsichtig sein, ja das ist wichtig. Ich führe auch Tagebuch von Anfang an, wobei die Quantität etwas nachgelassen hat. Am Anfang habe ich täglich meine Beobachtungen aufgeschrieben und jetzt schreibe ich vielleicht alle ein bis zwei Monate etwas auf, wenn gerade etwas Wichtiges vorgefallen ist.“ (D – Frau, S. 31)

Mit Hilfe dieser Vorgehensweise wird die Eigenreflexion über vonstatten gehende Prozesse angeregt.
„Manchmal ist es so: Wenn man was schreibt, hat es einen anderen Aspekt oder andere Sichtweise, als wenn man nur redet. Es ist auch die Eigenreflexion, die dazu kommt. Wenn ich am Computer sitze, anfange zu schreiben, denke ich anders nach, weil ich die Dinge formulieren muss, weil ich mich auseinandersetzen muss auf einer anderen Ebene.“ (B – Frau, S. 25)
„Erst wenn man es niederschreibt, denkt man: super, hat ja doch funktioniert, (...) dann kann man es richtig mitteilen. Ist sicher ein wichtiger Bestandteil, ganz klar.“ (E – Mann, S. 29)

Die Auseinandersetzung mit möglichen Zielen ist dadurch intensiver.
„In dem Moment, wo du schreibst, bist du wieder einmal ganz klar dabei, um dich selber zu überprüfen, vielleicht Ziele zu kontrollieren, ob du sie erreicht hast, oder neue zu schaffen, das ist der eine Teil, der ist positiv.“ (B – Mann, S. 25)

Verhaltensänderungen bei den Pflegekindern können diagnostisch leichter interpretiert werden.
„Eine Phase, wo bei ihm wieder schlechteres soziales Verhalten beobachtbar war, - da kam erst im Nachhinein durch die Beobachtung des Tagebuchs heraus, dass gerade das

die Zeit war, wo sein Vater wieder angefangen hat zu arbeiten ... und dann zu sagen, okay, das könnte jetzt im Zusammenhang stehen.“ (D – Frau, S. 31)

Die verfassten Berichte werden als Werkzeug gesehen, Entwicklungsfortschritte beim Pflegekind bewusster und klarer wahrzunehmen, und somit einer pädagogischen Beliebigkeit entgegensteuern zu können.

„Man setzt sich dann schon wieder auch mehr auseinander, was ist passiert in der Entwicklung, was ist die neue Zielsetzung für das nächste halbe Jahr oder für das nächste Jahr. Man macht es sich wieder bewusster und setzt sich vielleicht auch wieder stärker damit auseinander. Und eigentlich ist es wichtig.“ (A – Frau, S. 21)

„Das macht sicher Sinn, dass man, wenn es denn sein muss, so in einem Jahr die Berichte herausholen kann und sagen kann, jetzt schauen wir uns das einmal gemeinsam an, was da gelaufen ist, ja. Das macht sicher einen Sinn.“ (B – Mann, S. 25)

„Irgendwie siehst du schon von einem Mal zu anderen, das ist geblieben, das ist besser. Hat sich da etwas geändert oder hat sich das nicht geändert. Ich finde das schon positiv.“ (C – Frau, S. 28)

„Im Sammeln der Fakten kommt dann das eine oder andere ans Licht, wo wir denken, ach ja, das haben wir geschafft und da hat er sich so entwickelt. Man liest ja die alten Berichte auch wieder durch und merkt dann die Unterschiede.“ (C – Mann, S. 21)

„Wenn man es wieder schreibt, weiß man eigentlich, was für einen Schritt man gemacht hat.“ (E – Mann, S. 29)

„Es ist eine Chance, wieder einmal etwas zu reflektieren. Beim letzten Bericht, den wir geschrieben haben, ist mir das ganz stark aufgefallen, was eigentlich der ... innerhalb von fünf Monaten für gewaltige Fortschritte gemacht hat. Also finde ich nicht schlecht für einen selber.“ (F – Frau, S. 19)

Es wird zudem betont, dass das Dokumentationswesen auch dazu dient, das eigene pädagogische Tun gegenüber dem Kostenträger bzw. der Behörde transparent zu machen.

„Natürlich ist es auch für euch wichtig, für die Jugendämter sicherlich dann wichtig, dass sie sehen, was wird da für eine Arbeit geleistet, was passiert auch mit dem Geld, das man da in dieses Projekt investiert. Kommt das dem Kind wirklich auch zugute, seiner Entwicklung usw. Das ist natürlich die andere Seite, das ist auch wichtig.“ (F – Frau, S. 19)

„Und ich denke mir, eigentlich ist es auch wichtig gegenüber dem Jugendamt, da ist eine gewisse Rechtfertigung, sage ich jetzt einmal, dass die auch wissen, in welche Richtung geht die Entwicklung.“ (A – Frau, S. 22)

„Es ist ein notwendiges Übel, das man machen muss, da natürlich viele Dinge in den Treffen passieren und viel geredet wird und das Ganze noch einmal schriftlich für das Jugendamt verfasst wird.“ (B – Frau, S. 25)

16.9.5 Kontakte zur Herkunftsfamilie

Die Kontakte des Pflegekindes zum Herkunftsmilieu sollten, wenn möglich, unbedingt aufrechterhalten bleiben. Die betroffene sozialpädagogische Erziehungsstelle erhält von Seiten des Fall führenden Therapeuten Begleitung und Unterstützung, indem er organisatorische, koordinierende und beratende Aufgaben wahrnimmt. Diese begleiteten Kontakte zur Herkunftsfamilie werden als bereichernd wahrgenommen, und sollten in dieser Form beibehalten werden.

„Dann ist es natürlich toll und ist einfach eine zusätzliche Bereicherung, wenn es keine Konfliktsituationen gibt.“ (A – Frau, S. 22)

„Wir treffen uns immer in der Carina, mit den Erziehungspersonen von den Kindern, mit allen Kindern zusammen, und da wird über verschiedene Punkte geredet, was den einen wichtig ist und so, dann wird eigentlich über die Ferienzeit geredet und wann sie nach Hause kommen. Da wird auch viel mit den Eltern gesprochen … und das finde ich toll.“ (C – Frau, S. 30)

„Das finde ich absolut notwendig und sinnvoll und hat nur positive Früchte getragen, wobei es bei uns ganz besonders wichtig war und ist, weil drei Kinder platziert sind, also alle Kinder dieser Herkunftsfamilie, und somit natürlich viel mehr Koordinationsarbeit Not tut und Ausspielen unter den einzelnen Pflegefamilien und anderen Institutionen eine große Gefahr darstellt: Das sind die, mit denen können wir besser, mit diesen können wir es nicht so gut usw., und das können wir dadurch sehr gut ausschließen.“ (C – Mann, S. 21)

Mittels der Begleitung fühlen sich die sozialpädagogischen Erziehungsstellen-Eltern konkret unterstützt.

„Es hat zwei Seiten: es macht es leichter und ich habe aber auch gleichzeitig einen Puffer. Ich habe einen Puffer, wenn es Schwierigkeiten geben sollte mit der Mama. Dann kann ich sagen, bitte wende dich ans Carina. Es hat also den Schutzaspekt und es hat auch den unterstützenden Aspekt, zwei Sachen, die ich ganz wichtig und auch notwendig finde.“ (B – Frau, S. 27)

Mögliche auftretende Reibungspunkte zwischen sozialpädagogischer Erziehungsstelle und Herkunftsmilieu können entschärft werden, indem der Fall führende Therapeut diese auffängt.

„Ich denke, das ist schon wichtig. Wir haben zwar eine Vereinbarung mit der Mutter, sie könne die ... sehen, im Carina, auf neutralem Boden. Es ist vor Jahren davon gesprochen worden, dass sie sie gerne wieder zurück hätte. Da haben wir auch schon Kriterien definiert, was passieren muss: nämlich zwei Jahre alkoholfrei und regelmäßiger Besuch. Es ist, denke ich, schon auch ganz wichtig, dass es da das Carina gibt, weil damit für uns ein Reibungspunkt wegfällt, wir können sagen, wir besprechen das mit dem Carina, das Carina formuliert, präsentiert und transportiert und damit ist das Carina der Reibungspunkt und nicht mehr wir." (C – Mann, S. 26)

Die gewährleistete Begleitung in den Kontakten mit der Herkunftsfamilie wird auch als wichtiger Baustein für eine gedeihliche Elternarbeit wahrgenommen.
„Ich finde es wichtig, dass jemand da ist, der es begleitet. Der eine Aspekt ist, dass wir begleitet werden als Familie oder als Erziehungsstelle und der andere Aspekt ist, dass auch die Eltern begleitet werden. Und ich denke, es ist auch für die Eltern eine Erleichterung, wenn es eine Stelle gibt, die eine neutrale Position bietet, die sowohl für sie da ist als auch für die Kinder da ist und das Ganze nicht einseitig wird." (B – Frau, S. 26)
„So hat man auch Rückhalt. (...) Die Eltern merken, dass das Kind nicht nur einfach dort ist, und die Sache abgeschlossen ist, sondern dass sie auch etwas tun müssen, dass nicht nur wir arbeiten, sondern sie müssen auch etwas tun." (C – Frau, S. 30)
„Das Ganze ist enorm wichtig sogar, weil ich denke an die Anfänge zurück, wo wir zuerst eigentlich mit den Eltern zusammengekommen sind, wo du praktisch vermittelt und die Gesprächsführung übernommen hast. (...) Das ist ein wichtiger Bestandteil, den man glaube ich selber nie herbekommen würde, wenn man sich daheim treffen würde, das erste Mal. So wie das professionell betrieben wird, ist das einfach ganz was anderes dann." (E – Mann, S. 30)
„Eine Stelle schaltet sich dazwischen, eben ihr schaltet euch dazwischen, die Pflegefamilie bringt Kritik nicht direkt bei der Herkunftsfamilie an, auch was das Kind betrifft, sondern es geht über eine Zwischenstelle und somit ist schon einmal eine gewisse Verantwortung von der Pflegefamilie genommen, und gemeinsam versucht man dann, noch Lösungen zu finden und auch das braucht einiges Geschick wieder. Wie gehe ich mit der Familie um, mit den Eltern um. Aber wir müssen uns da diese Gedanken nicht machen, das hält uns von der Arbeit am Kind, würde uns sehr stark abhalten davon. Und in der Vergangenheit kann ich auch auf solche Erfahrungen zurückgreifen, wie komplizierte und schwierige Elternarbeit uns eigentlich immer wieder von der Arbeit am Kind abgehalten hat." (F – Frau, S. 20)

Von besonderer Bedeutung ist auch, dass der Fall führende Therapeut als neutrale Person Themen erörtern kann, welche es den sozialpädagogischen Erziehungsstellen-Eltern erleichtert, bei ihren Rollen als Begleiter des Pflegekindes zu bleiben, und dadurch nicht in eine Rollenkollision zu geraten.

„Eigentlich darf eine Pflegestelle nicht in diese Rolle, in diese Position fallen, die Eltern zu kritisieren, zu bewerten, zu bevormunden. Aber leider ist es im Alltag oft so bei Pflegefamilien, dadurch entstehen Konfliktsituationen und die Leidtragenden sind letztendlich die Kinder in diesen Konfliktsituationen und ich sehe da nur eine Möglichkeit, wie man die beseitigen kann: Und das ist dieser begleitete Kontakt, diese begleitete Elternarbeit." (F – Frau, S. 20)

„Das hat sich auch im Nachhinein als sehr wichtig erwiesen. Es ist so, dass diese Beziehung zwischen mir und den Eltern ziemlich gestört werden kann, wenn ich fachlich zu sehr eingeklinkt wäre, was eben die Eltern-Kind-Beziehung betrifft. Da habe ich mich einmal zu sehr eingemischt, und das hat sehr lange negative Folgen gehabt, und jetzt ist es mir auch klar geworden, was meine Position den Eltern gegenüber sein darf, damit das Ganze in einem guten Rahmen bleibt. Und da ist es gut, wenn da so jemand Neutrales da ist, der da einfach mitspricht, mit den Eltern bestimmte Themen besprechen kann, die für mich als Pflegemutter ungut wären mit den Eltern zu besprechen." (D – Frau, S. 32)

„So können wir das quasi abwälzen auf das Carina. Ist wichtig und auch sinnvoll, wenn es jetzt um Wieder - Begegnungen ginge, dass die nicht hier stattfinden, weil hier ist sie natürlich nur befangen, ist völlig klar und dort drinnen ist ein neutraler Boden, wo man sich anders verhalten kann. Also es macht absolut Sinn." (B – Mann, S. 26)

„Das ist auf alle Fälle positiv, wenn auch die leiblichen Eltern dich als Therapeuten, als neutrale Person, verstehen, nicht als Verbündeten der Erziehungsstelle." (A – Frau, S. 22)

„Da habe ich mich sehr wohl gefühlt und ich habe nie Angst gehabt, also eine gewisse Schwellenangst ist natürlich immer da. Aber sie ist nicht sehr groß gewesen, ich habe gewusst, da ist einer da, der das Ganze führt. Schön der Reihe nach alles bringt, wie es sich gehört, und dadurch ist das hervorragend gelaufen." (E – Mann, S. 30)

16.9.6 Stärken und Grenzen der sozialpädagogischen Erziehungsstellen als Form der Fremdunterbringung

Aus Sicht der sozialpädagogischen Erziehungsstellen-Eltern bringt die Placierung eines Pflegekindes in einer Pflegefamilie viele Vorteile im Vergleich zur Heimunterbringung mit sich. Aufgrund der klein strukturierten Betreuungsform ist es viel einfacher, einen geschützten Rahmen für die notwendigen Entwicklungsschritte der Pflegekinder anzubieten.

„Den absoluten Vorteil sehe ich darin, dass es eben eine ganz klein strukturierte Betreuungsform ist. Also gerade Kinder, die Defizite haben, können das in einer Pflegefamilie natürlich besser aufholen, denke ich mir, als in einem Kinderheim, wo sie

teilweise einfach durch den Rost fallen, weil sie das ja schon so geschickt können und schon so gut trainiert haben und auch nicht so gefördert werden können, weil zu viele Kinder auf eine Betreuungsperson kommen. Also das ist der absolute Vorteil. Und auch die Geborgenheit und die Zuwendung und das individuell Abgestimmte auf das Kind ist einfach der absolute Vorteil einer Pflegefamilie." (A – Frau, S. 23)

„Es ist ein geschützter Rahmen zum sich selber Ausprobieren, sich selber Kennenlernen. (...) Ich denke, das ist auch so eine Chance für die Kinder sich zu entwickeln. Es gibt Kinder, für die ist Familie nichts, keine Frage, es gibt aber auch Kinder, für die ist die Familie das einzige, wo sie vielleicht die Kurve noch kriegen können, dass sie aufgefangen werden. Dieses Netz der Familie ist natürlich wesentlich dichter als das stationäre Netz, also da können sie eher aufgefangen werden, als im stationären Bereich." (B – Frau, S. 28)

In diesem Zusammenhang steht auch die Möglichkeit, sehr individuell auf die Bedürfnisse der Pflegekinder einzugehen.

„Man ist flexibler in der Pflegefamilie, überhaupt flexibler im Tun als in einer Institution, die doch irgendwo klarere Rahmenbedingungen vorgeben muss als in der Pflegefamilien, was nicht heißt, dass dort keine Rahmenbedingungen sind, aber die werden individueller getroffen und somit kann man individueller auf die Bedürfnisse des Kindes eingehen." (C – Mann, S. 22)

„Viele Heime sind jetzt familiär ausgerichtet, aber ein Kinderheim ist keine Familie. Dieser Rahmen in einer Familie aufwachsen zu dürfen, das Recht zu haben, in einer Familie zu sein, hat nun einmal jedes Kind. Ich denke, dass das eine sehr wichtige und für das Grundlebensgefühl eine schönere Erfahrung ist als im Kinderheim zum Beispiel aufzuwachsen. Da ist man nur einer von vielen und in der Familie ist man einer der Familie." (D – Frau, S. 34)

Als ein weiterer wichtiger Faktor wird die Präsenz einer fixen und konstanten Bezugsperson für das Pflegekind erachtet, wohingegen in einer stationären Heimunterbringung ein sich abwechselnder Dienst es erschwert, kontinuierliche emotionale Bindungen zu den Kindern aufzubauen.

„Mir ist diese feste Bezugsperson für ein Kind sehr, sehr wichtig. Obwohl ich weiß, dass es wirklich noch Kinder gibt, die nur im Schichtwechsel zu ertragen sind, und für diese Kinder sind Heimplätze auch wichtig, da kommt es darauf an, was das geringere Übel ist. (...) In erster Linie finde ich einfach dieses Konzept der Pflegefamilie ganz gut. Also besser als Heimunterbringung in der Regel, weil ich weiß, wie wichtig eine feste Bezugsperson für ein einzelnes Kind ist, und weil man es da am ehesten abdecken kann." (F – Frau, S. 22)

„Die wechselnden Bezugspersonen im Kinderheim, das ist natürlich noch ein anderer Punkt, der das überhaupt nicht ermöglicht, dass man das als familiären Rahmen

bezeichnen könnte, weil: in der Familie wechseln auch nicht die Bezugspersonen. Klar kommt mal die Oma zum Babysitten, aber das ist Familie und das sind keine 8-Stunden-Wechsel . . .“ (D – Frau, S. 35)

„In einem Heim, da sind verschiedene Erzieher da, das ist einfach nicht daa selbe. Wir haben das Kind rund um die Uhr: Er kann in der Nacht ja genauso kommen, wenn er nicht schlafen kann oder sonst etwas hat, wir sind immer da.“ (E – Mann, S. 30)

„Also ich kann es mir schwer vorstellen, dass ein Kind gleich betreut wird, wenn es in einer Gruppe von 5, 10 oder 15 ist, und da gibt es 3, 4, 5 Betreuer. Es ist einfach schwieriger, auf das Individuum einzugehen, als wenn du in einer Familie drinnen bist und vor allem Tag und Nacht und permanent und 24 Stunden begleitet wirst und nicht im 8-Stunden-Rhythmus von jemand anderem.“ (B – Mann, S. 27)

„Eine besondere und wirklich große Stärke ist sicher der familiäre Rahmen, dass diese Kinder anders aufgefangen werden können als im stationären Bereich, dass eine Beziehungsebene da ist, die der stationäre Rahmen nie und nimmer leisten kann. Also die mit ihrem 24-Stunden-Radl, das sie schon sehr ausgebaut haben, können das aber nicht leisten, was eine Pflegefamilie leisten kann.“ (B – Frau, S. 28)

Unterschiede zu „normalen Pflegefamilien“ werden darin gesehen, dass die sozialpädagogischen Erziehungsstellen eine fachliche Qualifikation mitbringen und somit die Arbeit sich professioneller gestalten lässt.

„Ich denke wenn es darum geht, dass Kinder platziert werden sollten mit einer besonderen Schwierigkeit, besonderer schwieriger Vergangenheit, dann braucht es unbedingt die fachliche Qualifikation, ohne das geht es denke ich nur in den seltensten Fällen gut.“ (C – Mann, S. 24)

„Das ist im Prinzip die fachliche Kompetenz, die man selber mitbringen muss, aber auch noch darüber hinaus fachlich begleitet wird. Es ist eine gewisse Herausforderung, beispielsweise auch heilpädagogisch tätig zu sein, je nach Schwierigkeitsgrad, je nach Kind, das mich da erwartet.“ (F – Frau, S. 21)

„Man kann in einer professionellen Pflegefamilie vielleicht noch mehr abfangen, Problematiken angehen und bearbeiten, die vielleicht eine normale Pflegefamilie nicht kann. (...) Ich denke, grundsätzlich macht es Sinn, eine gewisse Ausbildung mitzubringen, weil ich vielleicht in der Lage bin, eine bessere Distanziertheit zu haben. Da habe ich einen anderen Blick darauf, mit einer Ausbildung glaube ich, als wenn ich unbedarft bin, diese pädagogischen Dinge vielleicht nicht bewusst tue, sondern eher aus dem Bauch heraus, aus dem Gefühl heraus mache.“ (F – Mann, S. 26)

„ (...), dass einfach die pädagogische Ausbildung dahinter steht und dass man auch diese Zusammenarbeit mit den Lehrern oder mit sonstigen Betreuern sucht, damit man wirklich weiß, wie man ein Problem angeht,.“ (A – Frau, S. 23)

Ein weiterer Merkmalsunterschied liegt in dem Umstand, dass bei aufkommenden Problemen selbstverständlich die Hilfestellung von außen gesucht wird.

„Ich denke mir, auch als Profi bin ich mir nicht zu schade, Hilfe zu holen, wenn ich Hilfe brauche. Das ist oft das Problem der Pflegefamilie oder auch Familien, dass sie glauben, sie müssten sich allein da durchwursteln, irgendwie bis der Hut halt brennt. Ich weiß einfach, wenn es nicht geht oder wenn ich irgendwo anstehe, dann kann ich mir Hilfe holen, für das bin ich einfach auch Profi, dass ich einfach auch sagen kann, hier stehe ich an." (A – Frau, S. 23)

„Und ich denke, es wird auch bei ausgebildeten Familien der Fall sein, dass jemand an seine Grenzen kommt oder für ein bestimmtes Problem einfach sagt, da brauche ich jetzt einfach von außen einen Input, um weiterzukommen." (F – Mann, S. 27)

„Es braucht unbedingt eine sehr flexible Hilfe von außen, dass ich wirklich im Notfall rufen kann, jetzt brauche ich Hilfe, weil: wir kommen nicht mehr weiter." (C – Mann, S. 24)

In punkto Stärken, welche in Bezug auf das Konzept der sozialpädagogischen Erziehungsstellen vorhanden sind, wird als zentraler Faktor die garantierte professionelle, therapeutische Begleitung und Betreuung erwähnt.

„Ich denke mir, eben diese therapeutische Begleitung, die eine normale Pflegefamilie gar nicht hat, die Möglichkeit auch eben gerade im Bereich der Eltern oder der Herkunftsfamilie, das ist schon ganz wichtig, nimmt viel Spannung raus." (A – Frau, S. 23)

„Und der andere Teil ist sicher die familientherapeutische Begleitung, die wir durchs Carina bekommen." (B – Frau, S. 29)

„Was ich glaube gesehen zu haben oder mitbekommen zu haben ist einfach, dass wir die Möglichkeit haben, in einem Netzwerk drinnen zu sein, professionelle Hilfe oder Begleitung zu haben, wir sind eine Gruppe, haben auch eine gewisse Identität und sind nicht allein. Wir arbeiten gemeinsam und wir versuchen, gemeinsam vorwärts zu kommen, Gruppe und Begleitung." (B – Mann, S. 28)

„Solche Krisen, die nicht selber handelbar sind, kommen nicht so oft vor. Aber rein das Gefühl, im Notfall hätte ich jemanden, ich muss nur ans Telefon gehen und dann kommt jemand, vermittelt mir die Sicherheit, dass ich es vielleicht gar nicht brauche. Wenn ich das Gefühl habe, ich bin auf mich allein gestellt, dann kann mich das so lähmen, dass die Situation nicht mehr handelbar ist. (...) Einfach auch die Sichtweise von außen. Wir wissen alle, dass wir einen blinden Fleck haben und da braucht es einfach qualifizierte Hilfe von jemand, der mit dem Fall betraut ist, aber trotzdem nicht in der Familie ist, sondern außenstehend und den blinden Fleck einmal aufzeigen kann und dann sieht man ihn selber und kann daran arbeiten." (C – Mann, S. 25)

„Was natürlich absolut der große Pluspunkt ist, ist die Verlässlichkeit. Durch die ganze professionelle kompetente Betreuung und Begleitung ist einfach eine ganz große Verlässlichkeit da, klar nicht bis zum Ende und zum Biegen und zum Brechen, aber sicher

werden andere Pflegeverhältnisse womöglich schneller aufgelöst, (…) , wo hier hingegen die Professionalität einsetzt, die Begleitung anfängt, nach Lösungen gesucht wird, um das System zu erhalten. (...) Also ich kann wirklich nur sagen, dass Art und Form der Begleitung und Betreuung einfach einzigartig sind." (D – Frau, S. 33)

„Vor allem die Begleitung ist ganz wichtig, dass man einfach rückfragen kann. Gerade in Krisensituationen gibt es doch immer Situationen, wo man einfach an Grenzen kommt, ratlos ist, soll ich so oder so, gibt es da Scherben, wenn ich den Weg weitergehe. Bei mir waren es einfach die leiblichen Eltern, die zum ersten Mal aufgetreten sind, ich einfach in Alarm war, auch keine Erfahrung hatte diesbezüglich, nie etwas damit zu tun gehabt habe, dann einfach rückfragen zu können, ihr habt Erfahrung und es gibt einfach Sicherheit." (E – Frau, S. 22)

„Es ist aber auch dieser Luxus, dass die Elternarbeit nicht allein auf mir lastet, sondern wirklich begleitet wird. Also ich kann einfach, ich habe ein Problem, ich gehe zum Telefon, ich ruf einen von euch an, man bespricht dieses Thema und ich weiß, es kümmert sich jemand darum und ich kann einfach hier meinen Alltag weiter gestalten, muss mir dazu keine Gedanken mehr machen und das ist für eine Pflegefamilie ein gewaltiger Luxus." (F – Frau, S. 21)

„Es ist schon eine sehr besondere Form, sehr umfassende Form der Begleitung im Carina. Ich denke sie wird aber auch diesem Betreuungsansatz für die Kinder wirklich gerecht. Man darf ja nicht vergessen, da ist eine Herkunftsfamilie, die ein Kind abgibt in eine andere Familie, die Verwicklungen sind unheimlich komplex und diese Probleme, die da entstehen können, nicht müssen, sind unheimlich komplex. Es braucht denke ich schon ein sehr spezielles System, um jedem unter die Arme greifen zu können, wenn es irgendwo einmal klemmt." (F – Mann, S. 27)

Bei allen Stärken des Konzepts gibt es jedoch auch klare Grenzen der Belastbarkeit für die sozialpädagogischen Erziehungsstellen-Eltern bei der Betreuung der Pflegekinder. Insbesondere wenn diese körperliche Aggressionen an den Tag legen, so dass der Schutz für die restliche Familie nicht mehr gegeben ist.

„Grenzen sind dann da, wenn das Pflegekind die ganze Familie aufmischt, oder die Hauptbetreuungsperson, was ja meistens die Frauen sind, so in Beschlag nimmt, dass die Stammfamilie gefährdet ist, das Familienleben so darunter leidet, dass alle anderen auf der Strecke bleiben. Wenn die Aggressivität so groß ist, dass es wirklich körperliche Attacken gibt, wie jetzt bei der letzten Placierung, dann ist es in meinen Augen nicht mehr vertretbar. Es ist einfach so: du hast das Kind 24 Stunden am Tag, 7 Tage die Woche, 365 im Endeffekt im Jahr. (...) Ich weiß nicht, ob er mit dem Messer auf sie losgeht oder eben die Bude abfackelt, das geht dann nicht. Du brauchst einen gewissen Freiraum als Erziehungsstelle, als Pflegemutter oder Pflegevater, auch um Kraft zu tanken und einmal

auch einen Freiraum für dich selber. Nur wenn es dir gut geht, geht es auch der Familie gut." (A – Frau, S. 24)

„Für mich wäre eine Grenze gegeben, wenn es gewalttätig wird. Wenn es einmal ist -, damit kann man umgehen, aber wenn es eine permanente Gewalt ist, sei es körperliche oder physische Gewalt, dann sehe ich Grenzen, weil ich diesen Schutzraum dann nicht mehr bieten kann. Weder für sich selber noch für die anderen Familienmitglieder. Also ich denke, da braucht es dann eine andere Betreuung. Aber eine fortwährende Gewalt, physisch oder psychisch, ist sicher eine Grenze für jeden Einzelnen. Wenn es also für eine Pflegemutter oder für ein anderes Kind aus dieser Familie gefährlich wird, dann gilt es zu überprüfen, was macht man jetzt damit, was ist es, woher kommt es." (B – Frau, S. 30)

„Weil da betrifft es meine eigene Familie und da kann ich nicht sagen, das ist meine Tochter und die wird das schon im Griff haben, sondern: wenn die beleidigt oder drangsaliert wird oder was auch immer, dann arbeitet es bei mir weiter, das kann ich nicht abschalten. Und das finde ich schon eine sehr sehr schwierige Situation." (C – Mann, S. 23)

Ein anderer Grund für die Beendigung eines Pflegeverhältnisses kann auch die eindeutige Positionierung des Pflegekindes sein, wenn dieses sich gegen einen weiteren Aufenthalt bei der sozialpädagogischen Erziehungsstelle ausspricht.

„Es geht dann nicht, wenn das Pflegekind nicht einverstanden ist, was wir ja auch schon erlebt haben. Wo dann eben ein Heim glorifiziert worden ist, obwohl man nicht wirklich genau gewusst hat, auf was man sich einlässt, aber sie musste es eben erleben, um es zu erfahren. Also eine gewisse Bereitschaft vom Kind muss schon auch da sein." (A – Frau, S. 24)

„Sicher auch Grenzen sind, wenn das Kind sagt, ich will nicht mehr, oder wenn das Kind sagt, das passt für mich nicht mehr, ich will woanders hin und dann entsprechend agiert." (B – Frau, S. 30)

17. ZUSAMMENFASSUNG und INTERPRETATION DER ERGEBNISSE

In der vorliegenden Untersuchung sollten die Erfahrungen, Eindrücke und Beobachtungen der in Vorarlberg tätigen sozialpädagogischen Erziehungsstellen-Eltern erhoben werden. Einerseits wurden Fragestellungen und Themenbereiche erörtert, welche aufgrund der theoretischen Auseinandersetzung von Relevanz sind, andererseits ging es um Erkenntnisse, welche sich aus den konzeptionellen Inhalten der sozialpädagogischen Erziehungsstellen ergeben.

Die sozialpädagogischen Erziehungsstellen-Eltern äußern klare Motive, weshalb sie ein Pflegekind aufnehmen. Es wird dadurch die Möglichkeit gesehen, wieder in eine berufliche Rolle einsteigen zu können, bei gleichzeitigem Vorteil, diese Tätigkeit auch zu Hause ausüben und somit Beruf und Familie miteinander verbinden zu können. Deutlich wird die berufliche Identifizierung, welche mit der Tätigkeit einer sozialpädagogischen Erziehungsstelle verbunden ist, zum Ausdruck gebracht. Hierbei fließen auch Erkenntnisse aus bisherigen beruflichen pädagogischen Erfahrungen mit ein.

Bezüglich der Eingewöhnungsphase des Pflegekindes wird von den sozialpädagogischen Erziehungsstellen-Eltern, ähnlich wie bei NIENSTEDT / WESTERMANN (1990, Vgl. Kap. 7.1), die Beobachtung beschrieben, dass das Pflegekind zu Beginn der Integration öfters eine Phase der Anpassung durchschreitet, welche von unterschiedlicher Dauer sein kann. Daran anschließend wird von Seiten des Pflegekindes auf der Schiene der ihm gegebenen Verhaltensweisen die Begegnung mit den Pflegeeltern einer ersten Erprobung unterzogen. Grundsätzlich wird die Anfangszeit des Integrationsprozesses als sehr dynamisch und intensiv wahrgenommen.

Die Erkenntnis, dass mit dem Eintritt des Pflegekindes in die Familie auftretende innerfamiliäre Veränderungsprozesse unumgänglich sind, steht im Einklang mit den Aussagen verschiedene Autoren (Vgl. Kap. 10). Für alle bisherigen Familienmitglieder stellt das Pflegekind eine große Herausforderung dar. Sowohl auf der Eltern-Team-Ebene als auch im Subsystem der Geschwisterebene wird ein Prozess der Neupositionierung innerhalb des Familiensystems in Gang gesetzt. Auf Seiten der leiblichen Kinder zeigen sich mannigfache Reaktionen und Verhaltensweisen, welche sich anfangs in Eifersuchtsmomenten, Distanziertheit, aber auch in offener Akzeptanz äußern können. Als absolut positiv für den Integrationsprozess des Pflegekindes erweist sich daher der rechtzeitige Dialog mit den Kindern vor der Aufnahme. Aus Sicht der sozialpädagogischen Erziehungsstellen-Eltern zeigen sich strukturelle Veränderungen, die den bisherigen Familienrhythmus verändern und worauf Rücksicht genommen werden muss. Da auch massive krisenhafte Situationen auftreten können, welche die bisherigen Ressourcen der Familie insgesamt an die Grenzen der Belastung bringen können, ist auf Seiten der Erziehungsstellen-Eltern eine hohe Anforderung an das pflegeelterliche Bewältigungspotential gestellt. Als hilfreich erweist sich auf der Eltern-Team-Ebene die Intensivierung der Dialog- und Reflexionsbereitschaft sowie die Bereitschaft, sich komplementär zu stützen.

Die Reaktionen des sozialen Umfeldes bezüglich der Aufnahme eines Pflegekindes können für die sozialpädagogischen Erziehungsstellen-Eltern sehr heterogen ausfallen. Es kann ein Rechtfertigungsdruck entstehen bezüglich des pädagogischen Handelns, so dass sich, wie SCHUMANN (1999, Vgl. Kap. 9.3) erwähnt, die Möglichkeiten, Konflikte und Schwierigkeiten mit dem Pflegekind zu ertragen, stark reduzieren. Umso wichtiger ist es in diesen Situationen, sich von solchen Impulsen abzugrenzen, sich davor zu schützen. Erfreulich ist jedoch auch, dass den sozialpädagogischen Erziehungsstellen auch Anerkennung und positive Rückmeldungen entgegengebracht werden

Mit Fortdauer der Betreuung wird die sozialpädagogische Erziehungsstelle zur Plattform von Agitationen des Pflegekindes, wobei die Erziehungsstellen-Eltern in der Lage sein müssen, sich in vordergründig „unverständliche Verhaltensweisen" des Pflegekindes hineinzudenken. Es treten auf Seiten der Pflegekinder massive Übertragungsphänomene auf. Es gilt, neu entstandene Wirkungszusammenhänge zu erkennen und dysfunktionales Verhalten des Pflegekindes in neue Erklärungsmodelle zu gießen. Um den Verhaltensweisen der Pflegekinder gerecht zu werden, erachten es die Erziehungsstellen-Eltern für notwendig, eine grundsätzliche Offenheit zu entwickeln, ihr eigenes Handeln zu hinterfragen, sowie offen zu sein für neue Lernerfahrungen. Zudem berichten sie übereinstimmend davon, dass aufgrund der massiven Herausforderungen, tiefe persönliche emotionale Grenzerfahrungen auftreten. Die Bandbreite erstreckt sich über körperliche Grenzen, Erlebnisse von Ohnmacht, Auftauchen von Versagensängsten und Unsicherheiten. Um diese intensiven Herausforderungen adäquat als sozialpädagogische Erziehungsstellen-Eltern bewältigen zu können, ist, analog zu BLANDOW (1999, Vgl. Kapitel 9.3), ein hohes Maß an Wertschätzung für das Pflegekind vonnöten, einhergehend mit der Fähigkeit, empathisch auf das Pflegekind einzugehen.

In Anlehnung an die Ergebnisse der Befragung kann davon ausgegangen werden, dass die in den sozialpädagogischen Erziehungsstellen untergebrachten Pflegekinder aufgrund ihrer negativen Erfahrungen in der Vergangenheit ein großes Bedürfnis nach stabiler und berechenbarer Bindung mitbringen. Diesbezüglich besteht Konsens mit der Literatur (Vgl. Kap. 8). Anfangs zeigt sich, dass es für das Pflegekind oft nicht einfach ist, das neue Bindungsangebot anzunehmen. Es treten daher häufig emotionale Schwankungen auf, in denen die eben erst neu gewachsenen Bindungen in Frage gestellt werden. Dies geschieht mittels dysfunktionalen Agierens, indem das Pflegekind überprüft, ob die neue Bindung auch tatsächlich Belastungen aushält. Trotz dieser auftretenden Ambivalenzen bei den Pflegekindern wird die Entwicklung einer Bindung zwischen sozialpädagogischen Erziehungsstellen-Eltern und Pflegekind als absolut notwendig erachtet, als Basis einer gedeihlichen Zusammenarbeit. Als fördernde Momente für die Entstehung von Bindung erweisen sich die Faktoren Zeit sowie ein klares Ja zum Pflegekind von Seiten der sozialpädagogischen Erziehungsstellen-Eltern. Von Bedeutung ist es zudem, bezüglich der zu erwartenden emotionalen Rückmeldungen von Seiten des Pflegekindes eine realistische Erwartungshaltung zu entwickeln. Ebenso gilt es, ein realistisches Rollenverständnis als Pflegeelternteil zu entwickeln, um nicht vom Pflegekind enttäuscht zu werden. Mit Fortdauer des Bindungsprozesses identifiziert sich das Pflegekind zusehends mit der sozialpädagogischen Erziehungsstelle. Sollte jedoch keine tragfähige Bindung entstehen, muss auch der Mut vorhanden sein, im Sinne aller Betroffenen die Zusammenarbeit zu beenden. Für die Phase der Beendigung sollte dann jedoch genügend Zeit vorgesehen werden oder vorhanden sein.

In Übereinstimmung mit den Erkenntnissen anderer Autoren (Vgl. Kap. 7.2) wird das Selbstverständnis der sozialpädagogischen Erziehungsstelle als einer Ergänzungsfamilie, komplementär zu den bisherigen Bindungen und Beziehungen des Kindes, von den Erziehungsstellen-Eltern als positiv und konstruktiv erlebt. Durch den Prozess der Annäherung zwischen der sozialpädagogischen Erziehungsstelle und den leiblichen Eltern können realistische gegenseitige Erwartungen entstehen. Die Möglichkeit der Aufrechterhaltung von Kontakten zu den leiblichen Bezugspersonen wird für die Pflegekinder als Bereicherung erlebt, da möglichen Rollenkonflikten und auftretenden Konkurrenzsituationen entgegengesteuert werden kann, was für das Pflegekind auch insgesamt Klarheit erzeugt. Es wird zudem die Erfahrung gemacht, dass ein erweitertes funktionales Eltern-Subsystem für die Entwicklung des Pflegekindes gut genützt werden kann, und somit ein mögliches pathologisches Dreieck, wie SCHUMANN (1999, Vgl. Kap. 7.2) erörtert, verhindert werden kann. Als Prämisse für eine gedeihliche Zusammenarbeit im erweiterten Eltern-Subsystem wird die Notwendigkeit der Wertschätzung gegenüber den leiblichen Eltern erwähnt sowie die Offenheit, die Eltern so zu akzeptieren, wie sie sind. Infolge des Ergänzungsfamilienkonzeptes haben die Pflegekinder aus Sicht der sozialpädagogischen Erziehungsstellen-Eltern die Möglichkeit, Zugang zu ihrer Identität und zu den Familienwurzeln zu finden und ein realistisches und authentisches Bild von ihren bisherigen Bezugspersonen zu bekommen. Da dieser Prozess oft mit schmerzlichen Erkenntnissen und Erfahrungen für die Pflegekinder vonstatten geht, müssen die sozialpädagogischen Erziehungsstellen in diesen Momenten konkrete Hilfestellungen anbieten, um die aufkommenden emotionalen Gefühle abzufangen und aufzuarbeiten. Es wird resümierend festgehalten, dass die Möglichkeit der Aufrechterhaltung der Kontakte zu den leiblichen Bezugspersonen aus psychoemotionaler Sicht für die Pflegekinder von großer Bedeutung ist.

In Einklang mit WOLF (1998, Vgl. Kap. 11.1) ist das Vorhandensein einer pädagogisch-professionellen Ausbildung für die sozialpädagogischen Erziehungsstellen-Eltern eine absolute Notwendigkeit, um den ihnen anvertrauten Pflegekindern gerecht zu werden. Auf der Grundlage fachlicher Ausbildung wird die Zusammenarbeit mit den Netzwerkpartnern einfacher, es erleichtert die tagtägliche Arbeit insgesamt, die Kompetenz der Betreuung steigert sich, und ebenso können Zusammenhänge besser verstanden werden. Als professionelle Kompetenz wird die Fähigkeit wahrgenommen, klare pädagogische Haltungen in der Begegnung mit dem Pflegekind einzunehmen, und die vielfach massiven Verhaltensauffälligkeiten der zu betreuenden Pflegekinder realistisch zu deuten. Daraus resultiert in weiterer Folge, dass bei den sozialpädagogischen Erziehungsstellen sich das Durchhaltevermögen vergrößert und sich der Grad der Belastbarkeit steigert. Eine weitere wichtige professionelle Haltung, ein spezifisches Anforderungsprofil, stellt die Offenheit dar, sein eigenes Tun zu hinterfragen und, wie auch BLANDOW (2001, Vgl. Kap. 11.2) erwähnt, die Handlungen selbstreflexiv auf die eigene Person zu beziehen. Verbunden mit dieser Offenheit ist auch die Bereitschaft, sich nach außen hin transparent zu zeigen, um mit außenstehenden Partnern zu kooperieren.

Bezug nehmend auf das Kriterium Akquisition (Vgl. Kap. 14.5.1), welches das Konzept der sozialpädagogischen Erziehungsstellen beinhaltet, wird diese Vorgehensweise von den betroffenen Erziehungsstellen-Eltern als zufrieden stellend erlebt, weil es dazu beiträgt, oft als unüberwindbar empfundene Hürden abzubauen und gleichzeitig die Intensität des Prozesses zu erhöhen. Ebenso wird mit Hilfe dieses Prozederes den Bewerbern eine Wertschätzung entgegengebracht und dadurch auch Wohlbefindlichkeit vermittelt. Es wird betont, dass es nur mit Hilfe dieser sorgsamen Vorgehensweise möglich ist, der Komplexität der Aufgabenstellung gerecht zu werden.

Das bei einer möglichen Placierung eines Pflegekindes in einer sozialpädagogischen Erziehungsstelle angewandte, schrittweise Anbahnungs-Prozedere (Vgl. Kap. 14.5.2) wird von den Erziehungsstellen-Eltern als unbedingt notwendig und positiv empfunden. Mit Hilfe dieser Vorgehensweise haben sowohl das Pflegekind, dessen Eltern als auch die sozialpädagogische Erziehungsstelle die Möglichkeit, sich in Ruhe kennen zu lernen. Für sehr wichtig wird auch die Option erachtet, im Rahmen des sich Kennenlernens, zu einer möglichen Aufnahme nein zu sagen, wenn die „emotionale Chemie“ zwischen Pflegekind und sozialpädagogischer Erziehungsstelle nicht passt. Es wird auch darauf hingewiesen, dass eine plötzlich vonstatten gehende Placierung die große Gefahr einer unglücklichen Dynamik für alle Beteiligten mit sich bringt.

Die nach der Placierung des Pflegekindes vorgesehene und verbindliche regelmäßige, fachliche, therapeutische Begleitung (Vgl. Kap. 14.5.3) wird von den sozialpädagogischen Erziehungsstellen-Eltern als absolut notwendig erachtet und als positive Erfahrung wahrgenommen. Durch therapeutische Begleitung wird den sozialpädagogischen Erziehungsstellen-Eltern konkrete Hilfestellungen angeboten, die das pädagogische Durchhaltevermögen steigern. Diese Begleitung schafft die Möglichkeit zu pädagogischer Reflexion, sie aktiviert Feedbackschleifen, welche sich ebenfalls positiv auf das Pflegeverhältnis auswirken. Mit Hilfe der regelmäßigen Plattform des Netzwerktreffens, in dessen Rahmen der Austauschprozess und Dialog zwischen den sozialpädagogischen Erziehungsstellen-Eltern angeregt wird und Fortbildungsimpulse gesetzt werden, wird der Aufbau eines „Wir-Gefühls" ermöglicht, welches sich positiv auf die Identitätsbildung auswirkt. In diesem fachlichen Austausch werden gegenseitige Erfahrungen mitgeteilt, welche eine wichtige Quelle für kollegiale Hilfestellung darstellen.

Die sozialpädagogische Erziehungsstelle hat die Aufgabe, die Entwicklung des Pflegekindes regelmäßig und umfassend zu dokumentieren (Vgl. Kap. 14.5.3). Diese Vorgehensweise wird von den betreuenden Erziehungsstellen-Eltern als Akt der Professionalität wahrgenommen. Sie regt die Eigenreflexion über die ablaufenden Prozesse an, die Auseinandersetzung mit möglichen Entwicklungszielen des Pflegekindes wird dadurch intensiver, Verhaltensänderungen bei den Pflegekindern können leichter diagnostisch interpretiert werden. Die zu verfassenden Berichte werden als Hilfestellung gesehen, Entwicklungsfortschritte beim Pflegekind bewusster und klarer wahrzunehmen, um dadurch pädagogischer Beliebigkeit wirksam zu begegnen. Zudem wird betont, dass das Dokumentationswesen auch dazu dient, das eigene pädagogische Tun gegenüber dem Kostenträger und der Behörde transparent zu machen.

Die Kontakte des Pflegekindes zum Herkunftsmilieu sollten, wenn möglich, im Sinne des Ergänzungsfamilienkonzeptes (Vgl. Kap. 7.2 bzw. Kap. 14.5.3), unbedingt aufrechterhalten bleiben. Die von Seiten des Fall führenden Therapeuten begleiteten Kontakte zur Herkunftsfamilie werden von den betroffenen sozialpädagogischen Erziehungsstellen als bereichernd wahrgenommen und sollten in dieser Form beibehalten werden. Die sozialpädagogischen Erziehungsstellen-Eltern sehen darin eine konkrete Unterstützung, da mögliche auftretende Reibungspunkte zwischen sozialpädagogischer Erziehungsstelle und Herkunftsfamilie mit Hilfe des Fall führenden Therapeuten entschärft werden können. Die Begleitung in den Kontakten mit der Herkunftsfamilie wird insgesamt als wichtiger Baustein für eine gedeihliche Elternarbeit wahrgenommen. Von besonderer Bedeutung ist auch, dass der Fall führende Therapeut als neutrale Person Themen erörtern und bearbeiten kann, welche es ermöglichen, dass die sozialpädagogischen Erziehungsstellen-Eltern bei ihren Rollen als Begleiter des Pflegekindes bleiben können und nicht in Rollenkollisionen geraten.

Aus Sicht der sozialpädagogischen Erziehungsstellen-Eltern bringt die Placierung eines Pflegekindes in einer Pflegefamilie viele Vorteile im Vergleich zur Heimunterbringung mit sich. Aufgrund der klein strukturierten Betreuungsform ist es viel einfacher, einen geschützten Rahmen für die notwendigen Entwicklungsschritte der Pflegekinder anzubieten. In diesem Zusammenhang besteht auch die Möglichkeit, sehr individuell auf die Bedürfnisse der Pflegekinder einzugehen. Als ein weiterer wichtiger Faktor wird die Präsenz einer fixen und konstanten Bezugsperson für das Pflegekind erachtet, wohingegen in einer stationären Heimunterbringung ein sich abwechselnder Dienst es erschwert, kontinuierliche emotionale Bindungen zu den Kindern aufzubauen. Unterschiede zu „normalen Pflegefamilien" werden darin gesehen, dass die sozialpädagogischen Erziehungsstellen eine fachliche Qualifikation mitbringen, wodurch die Arbeit sich professionell gestalten lässt.
Ein weiteres Merkmal verdeutlicht einen Unterschied: der Umstand, dass bei aufkommenden Problemen selbstverständlich die Hilfestellung von außen gesucht wird. Als besondere Stärke des Konzeptes der sozialpädagogischen Erziehungsstellen wird die garantierte professionelle, therapeutische Begleitung und Betreuung erwähnt. Trotzdem gibt es jedoch für die sozialpädagogischen Erziehungsstellen-Eltern bei der Betreuung der Pflegekinder auch klare Grenzen ihrer Belastbarkeit. Dies insbesondere dann, wenn Pflegekinder körperlich aggressiv sind oder werden, so dass der Schutz für die restliche Familie nicht mehr gegeben ist. Ein anderer Grund für die Beendigung eines Pflegeverhältnisses kann auch die eindeutige Haltung des Pflegekindes sein, wenn dieses sich gegen einen weiteren Aufenthalt bei der sozialpädagogischen Erziehungsstelle ausspricht.

18. SCHLUSSFOLGERUNGEN UND HANDLUNGSEMFPEHLUNGEN

Ziel der vorliegenden Arbeit war es, der Frage nachzugehen, inwieweit das Konzept für sozialpädagogische Erziehungsstellen in Vorarlberg eine taugliche Betreuungsalternative darstellt für stark Problem beladene Minderjährige, für die sich bisherige Fremdunterbringungen wie Heime oder „normale Pflegefamilien" als ungünstig erwiesen haben.

Die theoretische und empirische Auseinandersetzung mit dem Thema „Sozialpädagogische Erziehungsstellen" zeigt, dass es sich hierbei um eine Form von Pflegefamilie handelt, welche nach komplexen Regeln organisiert ist und für alle beteiligten Systempartner eine große Herausforderung darstellt. Umso bedeutender ist die Klärung der Fragestellung, welche Rahmenbedingungen vorhanden sein müssen, dass sozialpädagogische Erziehungsstellen als besondere Form der professionellen Familienerziehung gesehen werden können. Weiters galt es zu erörtern, worin die besonderen Leistungen der sozialpädagogischen Erziehungsstellen im Unterschied zu anderen Pflegefamilien bzw. Heimen begründet sind.

Die Analyse der bisherigen Forschung bringt deutlich zum Ausdruck, dass in den letzten Jahren im Pflegekinderwesen neue Themenbereiche Einzug gehalten haben, welche sich positiv auf die Weiterentwicklung der pädagogischen Betreuung von Pflegekindern auswirkten. Als Beispiele seien hierzu die Implementierung der Themenbereiche Professionalisierung und Qualitätssicherung (Vgl. Kap. 11 bzw. Kap. 12) im Pflegekinderwesen erwähnt.

Aufgrund der Erkenntnisse der vorliegenden Untersuchung und in Verbindung mit der aktuellen Literatur können folgende Kriterien und Haltungen abgeleitet werden, die vonnöten sind, damit eine sozialpädagogische Erziehungsstelle funktionieren kann:

- Auf Seiten der sozialpädagogischen Erziehungsstellen-Eltern sollten klare und transparente Motive vorhanden sein, weshalb sie diesen Beruf erwählen.
- Es ist zu erwarten, dass die Anfangszeit des Integrationsprozesses des Pflegekindes den Pflegeeltern sehr intensive Arbeit abverlangt.
- Der Eintritt des Pflegekindes in die sozialpädagogische Erziehungsstelle erzeugt große innerfamiliäre Veränderungsprozesse, einerseits auf der Beziehungsebene zwischen den Familienmitgliedern, andererseits auf der Strukturebene.
- Nach Aufnahme eines Pflegekindes ist es notwendig, sich vor negativen Reaktionen des sozialen Umfeldes zu schützen.
- Mit Fortdauer des Aufenthaltes treten beim Pflegekind dysfunktionale Verhaltensweisen auf; die sozialpädagogischen Erziehungsstellen-Eltern müssen

- die Offenheit haben, sich auf die vordergründig „unverständlichen Verhaltensweisen“ des Pflegekindes einzulassen; um diese Herausforderung zu meistern, ist ein hohes Maß an Wertschätzung für das Pflegekind vonnöten.
- Pflegekinder bringen ein großes Bedürfnis nach stabiler und berechenbarer Bindung mit sich; die sozialpädagogischen Erziehungsstellen-Eltern sollen sich daher als Bezugspersonen anbieten, um dadurch eine gedeihliche Zusammenarbeit zu ermöglichen.
- Die Möglichkeit der Kontaktaufrechterhaltung zu den leiblichen Bezugspersonen ist - im Sinne des Ergänzungsfamilienmodells - für die psychoemotionale Entwicklung des Pflegekindes von großer Bedeutung.
- Das Vorhandensein einer pädagogisch professionellen Ausbildung ist für die sozialpädagogischen Erziehungsstellen-Eltern eine absolute Notwendigkeit, um den ihnen anvertrauten Pflegekindern gerecht zu werden.
- Im Rahmen der Akquisition potentieller sozialpädagogischer Erziehungsstellen-Familien ist ein sorgsames Auswahlverfahren vonnöten, um geeignete Interessenten zu gewinnen.
- Bei der Placierung eines Pflegekindes in eine sozialpädagogische Erziehungsstelle ist unbedingt ein schrittweises Anbahnungsprozedere zu wählen; nur so ist eine weiterführende konstruktive Zusammenarbeit gewährleistet.
- Eine verbindliche regelmäßige fachliche, therapeutische Begleitung der sozialpädagogischen Erziehungsstelle ist absolut notwendig und beeinflusst das Pflegeverhältnis positiv.
- Eine ständige Dokumentation des Entwicklungsverlaufes des Pflegekindes dient dazu, einer pädagogischen Beliebigkeit wirksam zu begegnen.
- Die sozialpädagogischen Erziehungsstellen-Eltern sollten bei den Kontakten zur Herkunftsfamilie von einem Fall führenden Therapeuten begleitet werden, um eine gedeihliche Elternarbeit zu ermöglichen.

Bezüglich der Fragestellung, inwieweit die professionelle Erziehung in Familien eine Alternative sein kann zur Fremderziehung in Heimen, können mehrere Vorteile genannt werden. Aufgrund der kleinstrukturierten Betreuungsform kann dem Pflegekind ein geschützter Rahmen angeboten werden, in dem sehr individuell auf die Bedürfnisse des Pflegekindes eingegangen werden kann. Zudem erweist sich die Präsenz einer fixen und konstanten Bezugsperson, im Gegensatz zum wechselnden Schichtdienst des Heimes, als förderlich für den Aufbau von kontinuierlichen emotionalen Beziehungen.

Als Unterschied zwischen einer sozialpädagogischen Erziehungsstelle und einer „normalen Pflegefamilie“ kann der Umstand erwähnt werden, dass die Eltern der sozialpädagogischen Erziehungsstelle eine fachliche Qualifikation mitbringen und sich somit die Arbeit professioneller gestalten lässt. In diesem Zusammenhang steht auch die Selbstverständlichkeit, bei auftretenden Problemen Hilfe und Unterstützung von außen zu suchen. Grenzen sind jedoch auch bei den sozialpädagogischen Erziehungsstellen vorhanden, insbesondere wenn bei den Pflegekindern anhaltende Aggressionen zutage treten, welche eine Gefährdung für die Restfamilie darstellen.

Resümierend ist festzuhalten, dass sich die sozialpädagogischen Erziehungsstellen als eine Form der Familienerziehung im professionellen Rahmen bewährt haben und dass sie weiterhin das Vertrauen und die Unterstützung von Seiten staatlicher Institutionen verdienen.

Die im Rahmen der vorliegenden Arbeit dargestellten Ergebnisse und gewonnenen Erkenntnisse sollten einen aktiven Beitrag leisten im Bereich der Pflegefamilien- bzw. Pflegekinderforschung. Zudem wurde die praktische Relevanz dieser Thematik deutlich. Der Autor selbst hat, gestützt auf diese Arbeit, Anworten bekommen auf psychotherapeutische und beraterische Fragestellungen, deren Ausgangspunkt im Placierungsprozess von Kindern bzw. in bereits bestehenden Pflegeverhältnissen begründet liegt. Er hofft, aufgrund der theoretischen und empirischen Auseinandersetzung mit dieser Thematik zukünftig adäquate psychotherapeutische Hilfestellungen in der Begleitung von sozialpädagogischen Erziehungsstellen anbieten zu können.

19. LITERATURVERZEICHNIS

ARIÈS, Philippe: Geschichte der Kindheit, 15. Auflage, München 2003.

BLANDOW, Jürgen: Kontroversen, Ambivalenzen – ein Essay zum „modernen“ Pflegekinderwesen. In: Gintzel, U. (Hg.) Erziehung in Pflegefamilien – auf der Suche nach einer Zukunft, Münster 1996, S. 56 – 64.

BLANDOW, Jürgen: Versorgungseffizienz im Pflegekinderwesen. In: Colla / Gabriel / Millham / Müller-Teusler/ Winkler (Hg.): Handbuch Heimerziehung und Pflegekinderwesen in Europa, Neuwied 1999, S. 757- 772.

BLANDOW, Jürgen: Pflegefamilie auf dem Weg zur professionellen Familienpflege? – Folgen für Kinder – Auswirkungen auf das Pflegekinderwesen. In: Stiftung zum Wohl des Pflegekindes (Hg.): Zweites Jahrbuch des Pflegekinderwesens, erste Auflage, Idstein 2001, S. 113 - 125.

BLANDOW, Jürgen: Fünf Thesen: Was ist Qualität im Pflegekinderwesen. In: Pflegekinder – Update für das Pflegekinderwesen, Qualitätsanforderungen an erzieherische Hilfen im familiären Setting, 2/2001, S. 11 – 13.

BLANDOW, Jürgen: Pflegekinder und ihre Familien. Geschichte, Situation und Perspektiven des Pflegekinderwesens, Weinheim und München 2004

BONHOEFFER, Martin / WIDEMANN, Peter: Kinder in Ersatzfamilien, zweite unveränderte Auflage, Stuttgart 1980

CARINA, kinderpsychiatrische Beobachtungs- und Therapiestation: Konzept – Sozialpädagogische Erziehungsstellen, Feldkirch, Version November 2001

CARINA, kinderpsychiatrische Beobachtungs- und Therapiestation: Leistungsbeschreibung der sozialpädagogischen Erziehungsstellen, Feldkirch, Version November 2001

CARINA, kinderpsychiatrische Beobachtungs- und Therapiestation: Tagungsbericht „Wenn Kinder zwischen zwei Stühlen sitzen, ...“, Feldkirch, April 1998

CIRILLO, Stefano: Sind wir denn Rabeneltern?, Salzburg 1990

COLTON, Matthew / HEATH, Anthony: The Educational Progress in Long-Term Forster Care. In: Colla / Gabriel / Millham / Müller-Teusler / Winkler (Hg.): Handbuch Heimerziehung und Pflegekinderwesen in Europa, Neuwied 1999, S. 779 – 784.

ELVIN, Peter: Rechtsinformation für Pflegeeltern, herausgegeben vom Amt der Tiroler Landesregierung, Abteilung V b, 1996

FACHSTELLE FÜR DAS PFLEGEKINDERWESEN (Hg.): Handbuch Pflegekinderwesen Schweiz, pädagogische, psychologische und rechtliche Fragen, Prävention und Qualitätsentwicklung, zweite aktualisierte Auflage, Zürich 2001.

FROSCHAUER, Ulrike / LUEGER, Manfred: Das qualitative Interview zur Analyse sozialer System, zweite Auflage, Wien, 1998.

GASSMANN, Yvonne Rahel: Zwischen Zusammenwachsen und Auseinandergehen – ein Studie zur Wahrnehmung und zum Erleben von Pflegebeziehungen durch Pflegeeltern, Bottenwil 2000.

GILDEMEISTER, Regine: Professionalisierung. In: Kreft, D. /' Mielenz, I. (Hg.): Wörterbuch soziale Arbeit. Aufgabenfelder, Praxisfelder, Begriffe und Methoden der Sozialarbeit und Sozialpädagogik, vierte vollständig überarbeitete und erweiterte Auflage, Weinheim und Basel 1996, S. 443 bis 445.

GRIEBEL, Wilfried / RISTOW, Dietmar: Pflegefamilie als „binukleares Familiensystem" – eine Kernfamilie mit zwei Kernen, http://www.familienhandbuch.de/cms/familienforschung-pflegefamilien.pdf, 14.06.2005

GUDAT, Ulrich 1999 a: Entwicklungspsychologie der Eltern-Kind-Beziehung: Bindung. In: Deutsches Jugendinstitut (Hg.): Handbuch Beratung im Pflegekinderbereich, OCR-Fassung, Stand Dezember 1999, http://www.dji.de/5_pkwhand/teil2/kapitel3/kapitel3.htm,14.06.2005

GUDAT, Ulrich 1999 b: Systemische Sicht von Pflegeverhältnissen – Ersatz- oder Ergänzungsfamilie? In: Deutsches Jugendinstitut (Hg.): Handbuch Beratung im Pflegekinderbereich, OCR-Fassung, Stand Dezember 1999, http://www.dji.de/5_pkwhand/teil2/kapitel/kapitel4.htm,14.06.2005

GÜTHOFF, Friedhelm: Sonderformen zwischen traditioneller Familienpflege und Heimerziehung. In: Gintzel, U. (Hg): Erziehung in Pflegefamilien – auf der Suche nach einer Zukunft, Münster 1996, S. 120 bis 137.

HAMBERGER, Matthias / HARDEGE, Barbara / HENES, Heinz / KRUMBHOLZ, Monika / MOCH, Matthias: „...Das ist einfach eine richtige Familie", zur aktuellen Entwicklung von Erziehungsstellen als Alternative zur Heimerziehung, erste Auflage, Frankfurt/Main 2001.

HEITKAMP, Hermann: Geschichte des Pflegekinderwesens In: Textor, M. R. / Warndorf, P. K. (Hg.): Familienpflege – Forschung, Vermittlung, Beratung, Freiburg/Breisgau 1995, S. 19 – 30.

HÖRTENHUBER, Andrea: Welchen Sinn haben Beurteilungskriterien in der Betreuungsarbeit? In: Heim, R. / POSCH, Ch. (Hg.) Familienpädagogik – familiäre Beziehungen mit Kindern professionell gestalten, Innsbruck 2003, S. 177 – 187.

HÖRTENHUBER, Andrea: Forschung im Bereich „Pflege und Erziehung" im deutschsprachigen Raum, 1991 – 2001, Dokumentation – SOS-Kinderdorf Österreich, Fallbereich Pädagogik, Colleg für Familienpädagogik (Hg), Bürger Verlag, Wels 2003

HUBER, August: Zur Notwendigkeit der Organisierung von Pflegeeltern und der Unterstützung ihrer Arbeit. In: Stiftung zum Wohl des Pflegekindes (Hg.): Zweites Jahrbuch des Pflegekinderwesens, erste Auflage, Idstein 2001, S. 134 bis 143.

JORDAN, Erwin: 1996 a: Situation und Perspektiven in der Pflegekinderarbeit. In: Gintzel, U. (Hg.): Erziehung in Pflegefamilien – auf der Suche nach einer Zukunft, Münster 1996, S. 14 – 38

JORDAN, Erwin: 1996 b: Vorzeitig beendete Pflegeverhältnisse. In: Gintzel, U. (Hg.): Erziehung in Pflegefamilien – auf der Suche nach einer Zukunft, Münster 1996, S. 76 - 119

KAISER, Peter / RIEFORTH, Joseph / WINKLER, Heide / EBBERS, Franz: Strukturprobleme von Pflegefamilien – Möglichkeiten und Grenzen von Selbsthilfe. In: Familiendynamik, 15. Jahrgang, 2/1990, S. 125 – 140.

KAISER, Peter 1995 a: Strukturelle Besonderheiten und Probleme von Pflegefamilien. In: Textor, M. R. / Warndorf, P. K. (Hg.): Familienpflege – Forschung, Vermittlung, Beratung, Freiburg/Breisgau 1995, S. 67 – 77

KAISER, Peter 1995 b: Beratung von Pflegefamilien nach dem systemischen Mehrebenenmodell. In: Textor, M. R. / Warndorf, P. K. (Hg.): Familienpflege – Forschung, Vermittlung, Beratung, Freiburg/Breisgau 1995, S. 218 - 234

KÖTTER, Sabine: Besuchskontakte in Pflegefamilien, das Beziehungsdreieck „Pflegeeltern-Pflegekind-Herkunftseltern", Regensburg 1994

LAMNEK, Siegfried: Qualitative Sozialforschung. Band 1, Methoden und Techniken, dritte korr. Auflage, Weinheim 1995 a.

LAMNEK, Siegfried: Qualitative Sozialforschung. Band 2, Methoden und Techniken, dritte korr. Auflage, Weinheim 1995 b.

LAUERMANN, Karin: Sozialpädagogische Berufsbildung, Genese – Gegenwart – Zukunftsperspektiven, Innsbruck 1998.

LUDEWIG, Kurt: Systemische Therapie, zweite veränderte Auflage, Stuttgart 1993.

LUTTER, Elisabeth: Professionelle Pflegeeltern – sozialpädagogische und sozialpolitische Überlegungen. In: Lutter, Elisabeth (Hg.): Kinderschicksale gehen uns alle an, Wien 1996, S. 108 – 113.

LUTTER, Elisabeth: Das Cinderella-Projekt, Frauenarbeitsplätze in Kinderbetreuungsmodellen. In: Lutter, Elisabeth (Hg.): Fahrplan Familienpädagogik, Berufsbild und Berufsausbildung für Tagesmütter und Pflegeeltern, Wien 1999, S. 17 – 45.

MAYWALD, Jörg: Was ist gute Qualität im Pflegekinderwesen? In: Pflegekinder – Update für das Pflegekinderwesen, Qualitätsanforderungen für erzieherische Hilfe im familiären Setting, 2/2001, S. 22 – 24.

MERCHEL, Joachim: Qualitätsmanagement in der sozialen Arbeit, 2. Auflage, Weinheim und München 2004.

MINUCHIN, Patricia / COLAPINTO, Jorge / MINUCHIN, Salvador: Verstrickt im sozialen Netz. Neue Lösungswege für Multiproblem-Familien, erste Auflage, Heidelberg 2000.

MINUCHIN, Salvador: Familie und Familientherapie – Theorie und Praxis struktureller Familientherapie, siebte Auflage, Freiburg/Breisgau 1987.

NIEDERBERGER, Josef Martin / BÜHLER-NIEDERBERGER, Doris: Formenvielfalt in der Fremderziehung, zwischen Anlehnung und Konstruktion, Stuttgart 1988.

NIEDERBERGER, Josef Martin: Kinder in Heimen und Pflegefamilien: FremdPlacierung in Geschichte und Gesellschaft, Bielefeld 1997

NIENSTEDT, Monika / WESTERMANN, Arnim: Pflegekinder, psychologische Beiträge zur Sozialisation von Kindern in Ersatzfamilien, zweite überarbeitete Auflage, Münster 1990

PALTINAT, Iris / WARZECHA, Birgit: Qualifizierung von Pflegeeltern statt Burnout und Stress: Hilfen für Erwachsene als Hilfen für Pflegekinder, Hamburg 1999

PLANUNGSGRUPPE PETRA / THURAU, Holger, / VÖLKER, Uwe: Erziehungsstellen – professionelle Erziehung in privaten Haushalten, eine Studie über die Leistungsmöglichkeiten der Erziehungsstellen des Landeswohlfahrtsverbandes Hessen, zweite Auflage, Frankfurt/Main 1996.

Positionspapier der Fachgruppe Erziehungsstellen der IGFH. In: NAUMANN, U. / HAMMER, B. (Hg.): Perspektiven der Erziehungsstellenarbeit, erste Auflage, Frankfurt/Main 1998, S. 129 – 136.

SCHLIPPE v., Arist: Familientherapie im Überblick. Basiskonzepte, Formen, Anwendungsmöglichkeiten, vierte Auflage, Paderborn 1985.

SCHAUB, Horst / ZENKE, Karl G.: Wörterbuch Pädagogik, fünfte Auflage, München, 2002.

SCHEUERER-ENGLISCH, Hermann: Auswirkungen traumatischer Erfahrungen auf das Bindungs- und Beziehungsverhalten. In: Stiftung zum Wohl des Pflegekindes (Hg.): Erstes Jahrbuch des Pflegekinderwesens, dritte unveränderte Auflage, Idstein 2002

SCHUMANN, Marianne: Herkunftseltern und Pflegeeltern: Konfliktfelder und Brücken zum Verständnis. In: Deutsches Jugendinstitut (Hg.): Handbuch Beratung im Pflegekinderbereich, OCR-Fassung Stand Dezember 1999, http://www.dji.de/5_pkwhand/teil2/kapitel_5_2/kapitel_5_2.htm,14.06.2005

Standards der Erziehungsstellenarbeit. In: Evangelischer Erziehungsverband e.V. (Hg.): Im Fokus: Erziehungsstellen, Rahmenbedingungen – Konzepte – Schwerpunkte, 45. Jahrgang, 2/2004, S. 49 – 56.

START gGmbH (Hg.): Handbuch für das Pflegekinderwesen in Sachsen-Anhalt, Bernburg 2004.

TEXTOR, Martin R.: Forschungsergebnisse zur Familienpflege. In: Textor M. R. / Warndorf P. K. (Hg.): Familienpflege – Forschung, Vermittlung, Beratung, Freiburg/Breisgau 1995, S. 43 – 66.

THIERSCH, Hans: Profession und Person. Zur Berufsidentität der SozialpädagogInnen. In: Böhnisch, L / Rudolph, M. / Wolf, P. (Hg.): Jugendarbeit als Lebensort. Jugendpädagogische Orientierungen zwischen Offenheit und Halt, Weinheim / München 1998, S. 263 – 270.

TORNOW, Harald: Qualitätsentwicklung in der Erziehungsstellenarbeit. In: Evangelischer Erziehungsverband e.V. (Hg.): Im Fokus:

Erziehungsstellen, Rahmenbedingungen – Konzepte – Schwerpunkte, 45. Jg., 2/2004, S. 20 – 30.

TRÄGER, Hedwig: Geschichtliches zur außerfamiliären Erziehung. In: Heim, R. / Posch, Ch. (Hg.): Familienpädagogik – familiäre Beziehungen mit Kindern professionell gestalten, Innsbruck 2003, S. 35 – 49.

WESTERMANN, Arnim: Die Leitsätze der Stiftung zum Wohl des Pflegekindes zum Pflegekinderwesen. Begründung und Erläuterung. In: Stiftung zum Wohl des Pflegekindes (Hg.): Drittes Jahrbuch des Pflegekinderwesens, zweite Auflage, Idstein 2005, S. 277 – 295.

WIEMANN, Irmela: Pflege- und Adoptivkinder, siebte Auflage, Hamburg 2003.

WIEMANN, Irmela: Ratgeber Pflegekinder, fünfte Auflage, Hamburg 2002.

WOLF, Klaus: Professionelle Familienerziehung – Professionalität oder Harmonie? In: Jugendhilfe, 1/1998, S. 32 – 42.

ZISS, Eva (Hg.): Ziehkinder, Wien 1994

20. Anhang

A Interviewleitfaden (in Stichworten):

Motivation
- Wie ist es zur Aufnahme eines Pflegekindes gekommen
- Welche Beweggründe haben eine Rolle gespielt
-

Eingewöhnungsphase des Pflegekindes in die Familie
Auftretende innerfamiliale Veränderungsprozesse nach Eintritt des Pflegekindes in die Familie:
- Auf Eltern-Team-Ebene
- Auf Kinder-Ebene
- Reaktionen des sozialen Umfeldes

Beobachtbare Herausforderungen und Ambivalenzen mit Fortdauer des Pflegeverhältnisses

Bindungsverhalten des Pflegekindes aus Sicht der sozialpädagogischen Erziehungsstellen-Eltern

Rollenverständnis
- Erfahrungen der sozialpädagogischen Erziehungsstellen-Eltern als Ergänzungsfamilie

Profession
- Inwieweit hilft die fachliche Ausbildung bei der Bewältigung der Tätigkeit
- Was sind besondere professionelle Erziehungskompetenzen

Erfahrungen in Bezug auf die Kriterien des sozialpädagogischen Erziehungsstellen-Konzeptes in Vorarlberg
- Akquisition
- Aufnahmeprozess
- Therapeutische Begleitung
- Dokumentation und Berichte
- Kontakte zur Herkunftsfamilie
- Stärken und Grenzen der sozialpädagogischen Erziehungsstellen als Form der Fremdunterbringung

B Verzeichnis der Abbildungen

Druck:
Customized Business Services GmbH
im Auftrag der
KNV Zeitfracht GmbH
Ein Unternehmen der Zeitfracht - Gruppe
Ferdinand-Jühlke-Str. 7
99095 Erfurt